A distopia cotidiana dos oprimidos

CIP-BRASIL. CATALOGAÇÃO NA PUBLICAÇÃO
SINDICATO NACIONAL DOS EDITORES DE LIVROS, RJ

V714d

Vieira, Érico
   A distopia cotidiana dos oprimidos : psicodrama e exclusão social / Érico Vieira. - 1. ed. - São Paulo : Ágora, 2025.
   192 p. ; 21 cm.

   Inclui bibliografia
   ISBN 978-85-7183-343-2

   1. Psicodrama. 2. Exclusão social - Brasil. 3. Sociodrama. I. Título.

24-95275
                                      CDD: 616.891523
                                      CDU: 616.8-085.851

Meri Gleice Rodrigues de Souza - Bibliotecária - CRB-7/6439

Compre em lugar de fotocopiar.
Cada real que você dá por um livro recompensa seus autores
e os convida a produzir mais sobre o tema;
incentiva seus editores a encomendar, traduzir e publicar
outras obras sobre o assunto;
e paga aos livreiros por estocar e levar até você livros
para a sua informação e o seu entretenimento.
Cada real que você dá pela fotocópia não autorizada de um livro
financia o crime
e ajuda a matar a produção intelectual de seu país.

A distopia cotidiana dos oprimidos

PSICODRAMA E EXCLUSÃO SOCIAL

ÉRICO VIEIRA

A DISTOPIA COTIDIANA DOS OPRIMIDOS
Psicodrama e exclusão social
Copyright © 2025 by Érico Vieira
Direitos desta edição reservados por Summus Editorial

Editora executiva: **Soraia Bini Cury**
Preparação: **Michelle Campos e Janaína Marcoantonio**
Revisão: **Samara dos Santos Reis**
Capa: **Buono Disegno**
Projeto gráfico: **Crayon Editorial**
Diagramação: **Natalia Aranda**

Editora Ágora

Departamento editorial
Rua Itapicuru, 613 – 7º andar
05006-000 – São Paulo – SP
Fone: (11) 3872-3322
http://www.editoraagora.com.br
e-mail: agora@editoraagora.com.br

Atendimento ao consumidor
Summus Editorial
Fone: (11) 3865-9890

Vendas por atacado
Fone: (11) 3873-8638
e-mail: vendas@summus.com.br

Impresso no Brasil

Ao meu pai, José Antônio Baião Vieira,
pela alegria e pelo entusiasmo transbordantes.

Sumário

PREFÁCIO 9
APRESENTAÇÃO 13

PARTE I – Reflexões teóricas: subcidadania, subjetividade e psicodrama

1. ASPECTOS PSICOSSOCIAIS E HISTÓRICOS DA EXCLUSÃO SOCIAL. 23
   A naturalização da desigualdade social brasileira 23
   Subcidadania: resquícios da escravidão e a construção histórica
   do desprezo aos pobres. 29
   Ideologias neoliberais e a naturalização da desigualdade social 35
   (Maus) encontros entre classes: as faces políticas e psicológicas
   do sofrimento 41

2. ANÁLISES E AÇÕES DO PSICODRAMA DIANTE DA EXCLUSÃO SOCIAL. .47
   Saberes *psi* descontextualizados. 47
   Ética psicodramática: espontaneidade e crítica à ordem vigente 49
   Por um psicodrama enraizado: papéis históricos e relações raciais 57
   Sociometria: investigação da sociedade a partir dos pequenos grupos . .68
   Apostando na potência crítica e transformadora do psicodrama 73

PARTE II – Incursões socionômicas no campo

3. PERCURSOS METODOLÓGICOS 83

4. PLANTÃO PSICOLÓGICO PSICODRAMÁTICO: AMPLIANDO
   POSSIBILIDADES CLÍNICAS. 89

Plantão psicológico: resposta brasileira à elitização da clínica
psicológica 89
Plantão psicológico fundamentado no psicodrama: relações télicas
na margem 96

5. PLANTÃO PSICOLÓGICO PSICODRAMÁTICO: PAPEL HISTÓRICO
DE OPRIMIDO E SUAS TRILHAS DE SOFRIMENTO 101
Introdução 101
Marcas de uma vida de escassez 102
Isolamento sociométrico: a exclusão como produtora de
rupturas relacionais 107
Os sofrimentos de ser visto com desprezo 108
Intersecções entre raça, classe e gênero: ser mulher pobre é
sinônimo de sofrer 116
Labirintos da exclusão: imaginário colonizado e esvaziamento
da espontaneidade criadora. 121

6. SOCIATRIA CLÍNICA NA MARGEM: ABERTURAS, CRIAÇÕES E
IMPASSES NOS PLANTÕES PSICOLÓGICOS. .131
Introdução 131
Relações baseadas na tele: sintonia que produz aberturas e
cria caminhos 132
A ampliação de consciência do coletivo de pesquisa 143
Desafios, impasses e dificuldades de uma clínica à margem 148

7. ESPONTANEIDADE PRODUTIVA POPULAR: VIVÊNCIAS
COMPARTILHADAS DA EXCLUSÃO 157
Introdução 157
Sofrimentos decorrentes do desenraizamento 161
Buscando reconhecimento 174
Busca criativa e espontânea de outros caminhos 177

CONSIDERAÇÕES FINAIS 183
REFERÊNCIAS 185

Prefácio

> *Eu sei que a vida não presta,*
> *mas viver é tão bom...*
> Chico César, "Vermelho"

> *A cada mil lágrimas sai um milagre.*
> Itamar Assumpção, "Milágrimas"

TALVEZ SEJA VERDADE QUE todo ser humano foi excluído em algum momento da vida. Talvez até os ricos, heterossexuais, brancos, bonitos. Sem certeza, vamos imaginar que sim. Um momento, um lugar.

Como seria vivenciar a exclusão todo o tempo e em todos os lugares? Érico Vieira, no denso, intenso e comovente livro que ora o leitor tem em mãos, com uma coragem poucas vezes sabida, se aproxima dos excluídos da terra, daqueles que ninguém quer conhecer, porque talvez não tenham tomado banho, porque talvez não tenham dentes, estejam alcoolizados ou drogados, provoquem culpa demais, não saibam falar corretamente conosco, os incluídos.

Uma pergunta sempre feita e de difícil resposta: o que define um ser humano?

No célebre poema de Manuel Bandeira, "O bicho", escrito em 1947, lemos:

Vi ontem um bicho
Na imundície do pátio
Catando comida entre os detritos.
[...]
O bicho não era um cão,
Não era um gato,
Não era um rato.
O bicho, meu Deus, era um homem.

É muito doloroso acreditar que o tempo passou e, muitas décadas depois, o poema continua sendo uma descrição dilacerante da trágica situação brasileira. Talvez seja preciso olhar para esse homem, para essa mulher, para esses(as) que andam como fantasmas pelas ruas e estradas brasileiras e, como Bandeira, ficar indignados. A indignação, no entanto, é pouco para alguns.

Érico Vieira e seus alunos transformam a indignação em co/moção, movendo-se juntos. Abandonam a piedade, sentimento assimétrico, e são tomados pela com/paixão. Os prefixos dessas palavras dizem muito sobre a ação humana. E aí, nesse lugar, se definem todas as contradições, opressões e sofrimentos do que tem sido a existência.

O psicodrama é inteligentemente lido e utilizado no confronto com esse Brasil arcaico, colonizado, neoliberalizado, que insiste em se perpetuar em uma impressionante paisagem romantizada da casa-grande e senzala. Esse mesmo psicodrama — tantas vezes excluído por certa elite pensante — traz em seu coração pulsante, em seu pulmão azul e em seu corpo remendado uma intensa vitalidade, que Érico, com sua delicada mineirice, revela.

Quem disse que um texto científico deve ser seco e chato? O leitor sensível poderá chegar às lágrimas na medida em que descobrir esse Brasil indigente, que caminha sem rumo por suas estradas, por um mapa, uma cartografia que toma nosso corpo.

A DISTOPIA COTIDIANA DOS OPRIMIDOS

Um país em nós. Dar visibilidade a esse(a) outro(a), conseguir se reconhecer nele(a), chorar e sorrir junto nos define como humanos. Das margens, do lugar de desprezo e abandono, entender a história brasileira, a história dessa pátria, como diria Vinicius de Moraes, "tão pobrinha".

Dolorosamente, trata-se da reinvenção minha, sua, deste país tão carente, tão cruel e tão impressionante, tão lindo.

DEVANIR MERENGUÉ
Psicólogo, psicodramatista e autor, entre outros,
de *O sonho como resistência* (Ágora)

Apresentação

A ESCRITA PODE SER uma forma de dar sentido à própria experiência, de organizar ideias e percepções na tentativa de decifrar a nossa relação com o mundo. Como disse Eduardo Galeano em *As veias abertas da América Latina* (1989, p. 286):

> Alguém escreve para tratar de responder às perguntas que lhe zumbem na cabeça, moscas tenazes que perturbam o sono, e o que alguém escreve logra um sentido coletivo quando de algum modo coincide com a necessidade social da resposta.

Se a vida é a busca de afetar os outros e ser afetado por eles, a escrita cumpriria o papel de tentar afetar as pessoas com base em experiências significativas em que a nossa visão de mundo mudou, a nossa consciência se ampliou, tornando-se irradiável comunicar essa catarse de integração. Catarse, como descreveu Moreno, em que algo antes não percebido é integrado, inaugurando uma nova forma de estar no mundo.

Desde 2015, tenho contato com usuários de uma casa de apoio por meio de um projeto de pesquisa/intervenção, fruto da minha inserção como professor de uma universidade pública no estado de Goiás. Este livro relata os sofrimentos dessas pessoas que estão em situação de vulnerabilidade social, com uma leitura enraizada historicamente. Além disso, evidencia de que maneira essas experiências modificaram a mim e a equipe de pesquisa composta por estudantes de graduação. O contato com pessoas que vivem à margem ampliou a nossa consciência das reais características do Brasil como um país que foi e continua sendo violento com os povos subalternos, além de fortalecer a percepção de que todos somos seres históricos. Integrar uma função de historicidade em si mesmo significou perceber que todos nós seríamos uma síntese singular, mais ou menos criativa, das questões do momento histórico em que vivemos. Outro aspecto forte que me moveu foi o de utilizar o referencial epistemológico do psicodrama não só para realizar as práticas de cuidado na instituição, mas também para tentar analisar as narrativas dos usuários e o que aconteceu de significativo nos nossos encontros com eles.

Portanto, a fim de contribuir para o desnudamento da desigualdade social brasileira, estes escritos tiveram como objetivos a investigação dos aspectos psicossociais envolvidos na vivência de exclusão social e a construção e ressignificação de conceitos do psicodrama que contribuam para analisar as dimensões subjetivas da subcidadania. A epistemologia socionômica foi a plataforma utilizada para compreender as incursões de um coletivo de pesquisa formado por estudantes universitários e por mim — docente, psicólogo e psicodramatista — nos encontros com usuários de uma casa de apoio de uma cidade do Centro-Oeste brasileiro. O coletivo oferece cuidados na área da psicologia, como plantões psicológicos e encontros grupais, desde 2015 até o presente momento, com expectativas de continuidade.

Alguns elementos nortearam a escrita deste livro: a sistematização de nossas experiências no contato com pessoas que vivem à margem da sociedade; a investigação das dimensões subjetivas da exclusão social, articulada com a possibilidade de análise do psicodrama sobre a desigualdade social; a compreensão da desigualdade social com base em vivências e percepções de pessoas marginalizadas; o estudo das perspectivas de sujeitos marginalizados como forma de retorno ao vivido nas experiências cotidianas de humilhação social; a sondagem das reverberações dessa humilhação e do sofrimento ético-político nas subjetividades das pessoas excluídas; a pesquisa de possibilidades de atualizar o conceito de espontaneidade articulado com a desigualdade social e o pertencimento de classe; a busca de criar novas conceituações sobre a exclusão social a partir da epistemologia socionômica; e a ressignificação de conceitos psicodramáticos levando em conta as relações de poder da ordem vigente e as forças de sujeição ou de emancipação presentes no nosso tempo histórico.

Esperamos que essa investigação elucide alguns processos subjetivos decorrentes da desigualdade social. Partimos do pressuposto de que as experiências da exclusão social produzem nos sujeitos um rebaixamento de si pela falta de poder sobre a própria vida, sobre a cidade e sobre o mundo do trabalho. A exclusão do mundo da palavra resulta numa mensagem de rebaixamento que continua reverberando indefinidamente (Delfin, Almeida e Imbrizi, 2017). As mensagens negativas dirigidas aos grupos subalternos podem até mesmo fazê-los se culpar pela própria exclusão. Outro possível impacto da desigualdade na subjetividade seria a perda da confiança em si mesmo como alguém potente e capaz de contribuir com a sociedade. Espera-se, ainda, que o presente trabalho ressignifique ou produza novos conceitos do psicodrama que possam lançar luz sobre a relação entre subjetividade e desigualdade social.

O livro está dividido em duas partes. Na primeira, são tecidas reflexões teóricas sobre subjetividade, subcidadania e psicodrama. O primeiro capítulo, "Aspectos psicossociais e históricos da exclusão social", discute os mecanismos que ocultam as raízes históricas da desigualdade, os processos de naturalização da injustiça e a consequente ausência de comoção com o destino das pessoas que vivem na margem. A desqualificação social diante do sofrimento de ser visto com desprezo é uma força que compõe os maus encontros entre pessoas periféricas e grupos sociais de classes média e alta.

O segundo capítulo, "Análises e ações do psicodrama diante da exclusão social", apresenta incursões teóricas a partir do referencial epistemológico do psicodrama para compreender essa exclusão. Apostamos na potência crítica e transformadora do psicodrama por meio do resgate de uma ética psicodramática como crítica à ordem vigente. Investigar a sociedade utilizando conceitos da sociometria pode ser um caminho para cultivarmos o psicodrama não como mais um saber *psi* descontextualizado, mas como um saber enraizado no nosso tempo histórico.

A segunda parte do livro é constituída por capítulos elaborados com base na atuação do coletivo de pesquisa em uma casa de apoio que oferece alimento e abrigo para pessoas em situação de vulnerabilidade social. Esse coletivo oferece diariamente escuta clínica do tipo plantão psicológico e semanalmente um trabalho de intervenção grupal. As transcrições dos registros dos plantões psicológicos e dos encontros grupais, fundamentados em uma metodologia qualitativa fenomenológica, foram analisadas a fim de produzir categorias que representam respostas analíticas à principal pergunta da pesquisa: quais são as dimensões subjetivas da exclusão social articuladas com possibilidades de análise do psicodrama sobre a desigualdade? Outras perguntas se desdobraram a partir dessa: como se dá a desigualdade social da ótica e das vivências cotidianas de pessoas que vivem à margem? Como se dão as reverberações subjetivas das experiências de humilhação social? Como utilizar e criar conceitos do psicodrama para compreender a desigualdade?

A DISTOPIA COTIDIANA DOS OPRIMIDOS

O capítulo 3, "Percursos metodológicos", apresenta as formas de atuação do coletivo de pesquisa e extensão na casa de apoio e os caminhos de pesquisa realizados — além de descrever o público-alvo. Os diários de campo desses encontros foram analisados pelo método fenomenológico descritivo, uma maneira de compreender o material construindo unidades de significado e categorias.

O quarto capítulo, "Plantão psicológico psicodramático: ampliando possibilidades clínicas", apresenta o plantão psicológico como uma modalidade clínica de cuidado em saúde mental, representando uma resposta brasileira à elitização da clínica psicológica. O plantão psicológico fundamentado no psicodrama foi uma modalidade construída pelo coletivo de pesquisa, diante dos estudos que mostravam que a produção científica sobre os plantões era restrita ao referencial teórico da abordagem centrada na pessoa. Experimentamos a articulação das teorias e dos métodos do psicodrama na condução desses plantões, e a sistematização dessa experiência é apresentada neste capítulo, inclusive mencionando artigos publicados na *Revista Brasileira de Psicodrama*.

O quinto capítulo, "Plantão psicológico psicodramático: papel histórico de oprimido e suas trilhas de sofrimento", deslinda os sofrimentos dos usuários que se manifestaram nos plantões psicológicos. A partir de diversas experiências de exclusão o papel histórico de oprimido é vivido no cotidiano pelos papéis sociais. As misérias material e relacional se manifestam nas rupturas relacionais presentes no isolamento sociométrico e nas marcas de uma vida de escassez. O sofrimento de ser visto com desprezo aumenta ainda mais a vulnerabilidade, cristalizada em labirintos da exclusão, com imaginários colonizados e esvaziamento da espontaneidade criadora.

O sexto capítulo, "Sociatria clínica na margem: aberturas, criações e impasses nos plantões psicológicos", comunica nossas trocas com os usuários no espaço clínico. Durante as interações, houve momentos especiais de uma sintonia que produziu aberturas e a criação de novos caminhos. Momentos télicos. Por outro lado, certos impasses e bloqueios evidenciaram algumas dificuldades de uma clínica psicológica na margem, desafios estes colocados pelo contato com o sofrimento que embrutece corações e mentes e pelas lacunas na literatura especializada sobre a clínica psicológica com pessoas excluídas. Por fim, a ampliação de consciência das pessoas do coletivo de pesquisa foi algo inesperado. Partindo de uma perspectiva decolonial, apostamos na sustentação da diferença e na entrega ao acaso no encontro dialógico, sem tentar consertar ou colonizar o outro. Com essa aposta, o coletivo experimentou catarses de integração, em que novas realidades de si mesmo e do mundo, antes encobertas, passaram a ser integradas e percebidas.

O sétimo e último capítulo, "Espontaneidade produtiva popular: vivências compartilhadas da exclusão", relata os encontros grupais realizados com os usuários, tendo em vista a necessidade de refletir sobre e compartilhar as experiências da exclusão no âmbito coletivo. Os temas importantes que surgiam em cada espaço fertilizavam cada momento de cuidado. Os temas protagônicos dos plantões podiam ser socializados no espaço grupal, e o que emergia no grupo tornava a escuta nos plantões mais refinada. As marcas da exclusão foram compartilhadas como sofrimentos decorrentes de experiências de desenraizamento e vivência de não pertencimento à comunidade humana. A busca de reconhecimento e a reflexão sobre possibilidades de construir novos caminhos se manifestaram no grupo como formulações de rupturas criativas e espontâneas em relação aos circuitos destrutivos da exclusão.

As invisibilidades de um país se apresentam no encontro com as pessoas que vivem à margem e, com suas histórias, iluminam um Brasil além da superfície. Histórias de pessoas periféricas que vivem no Centro-Oeste brasileiro — em um Brasil profundo, em que o universo agrário hegemoniza as sociabilidades, em que o coronelismo e o patriarcado reencenam no presente a escravidão e a colonização do outro.

Nesse Brasil, as histórias soterradas da margem representam a história de um país que almeja tornar-se visível, suscitando novas formas de consciência ao desvelar os mecanismos que oprimem e desumanizam. Novas possibilidades de ação se abrem com o desvanecimento das mistificações da realidade. A comunidade psicodramática está disposta e disponível para assumir sua responsabilidade histórica de compreender e agir em um mundo distópico, em decomposição, que naturaliza a desigualdade e produz desertos de inimizade?

PARTE I

Reflexões teóricas: subcidadania, subjetividade e psicodrama

1. Aspectos psicossociais e históricos da exclusão social

*As oito e meia da noite eu já estava na favela
respirando o odor dos excrementos que mescla
com o barro podre. Quando estou na cidade
tenho a impressão que estou na sala de visita com
seus lustres de cristais, seus tapetes de viludos,
almofadas de sitim. E quando estou na favela
tenho a impressão que sou um objeto fora de uso,
digno de estar num quarto de despejo.*
Carolina Maria de Jesus, *Quarto de despejo*

A NATURALIZAÇÃO DA DESIGUALDADE SOCIAL BRASILEIRA

Em um país profundamente marcado pela exclusão de uma parcela considerável da população, as ciências humanas são convocadas a produzir conhecimento a serviço do combate às opressões e à desigualdade. A ciência pode se constituir como mecanismo que desvela os aspectos opacos da ordem social que encobrem relações de poder e a reprodução de privilégios injustos, os quais resultam em uma monumental desigualdade social. Esta não apenas é constituída por privações materiais, mas, sobretudo, pela estigmatização e humilhação dos excluídos (Souza, 2015; Véras, 2011). A exclusão social seria o descompromisso com o sofrimento do outro (Sawaia, 2011).

Este capítulo reflete sobre a dimensão subjetiva da subcidadania e investiga as condições psicossociais brasileiras, passadas e presentes, que mantêm a naturalização da desigualdade social. Pretende-se examinar a escravidão como a instituição brasileira mais duradoura, bem como sua permanência e seus resquícios atuais. As ideias neoliberais que produzem a banalização da injustiça social e as humilhações vividas pelos sujeitos das camadas populares no encontro com as outras classes sociais são pontos importantes nesse itinerário reflexivo. Visamos argumentar que a desigualdade não se encontra circunscrita somente ao parco acesso à renda. Outras camadas psicossociais se somam à escassez material, produzindo interações opressivas entre as classes incluídas e as classes populares.

As reiteradas mensagens públicas de rebaixamento fazem que os dominados construam percepções desvalorizadas de si mesmos; eles se veem como incapazes de criar e impossibilitados de ter uma voz a ser considerada (Costa, 2004). No Brasil, viceja um imaginário que desqualifica os pobres, produzindo invisibilidade e desprezo. As opressões sofridas pelas classes populares não estão circunscritas somente à sua exploração como força muscular de trabalho: também deixam suas marcas na subjetividade dos dominados. Além disso, o acesso desigual às condições materiais e simbólicas para a construção da subjetividade é um aspecto classista encoberto pelas ideologias neoliberais e pouco considerado nas teorias psicológicas (Bock, 2009). A naturalização da desigualdade brasileira convoca-nos a pensar esse tema tão complexo, que é atravessado por aspectos econômicos, políticos, culturais e psicológicos.

A desqualificação social é produzida pelo racismo, elemento importante a ser considerado na divisão da sociedade em classes. Preconceito de classe e racismo são a regra na constituição da sociabilidade brasileira. Almeida (2021) propõe o conceito

A DISTOPIA COTIDIANA DOS OPRIMIDOS

de racismo estrutural para demonstrar que o racismo integra a organização política e econômica da nossa sociedade. Segundo o autor, o racismo não é um fenômeno psicológico individual, mas está entranhado no funcionamento das instituições — que estão sempre a serviço dos grupos dominantes.

O racismo é fruto do colonialismo e da expansão burguesa. Ambos geraram a noção do europeu como povo universal e a consequente brecha biológica com outras culturas e povos, que seriam menos civilizados (Almeida, 2021). Essa classificação dos seres humanos serviu para justificar a morte e a destruição produzidas pela escravização e permanece regulando a distribuição de morte. O neocolonialismo provoca o extermínio de determinados grupos e instaura, pelo abandono do Estado e de parte da sociedade, modos de existência que seriam mundos de morte, com condições de vida precárias (Mbembe, 2018). Morte, aqui, não implica apenas perda da vida; trata-se também da morte política, configurada por rejeição, exclusão e não pertencimento. É impossível falar de democracia no Brasil enquanto existirem racismo e desigualdade social, enquanto grande parte das pessoas vive em condições precárias, como subcidadãs. Guerreiro Ramos, importante pioneiro do movimento psicodramático brasileiro, intelectual e militante antirracista, considerava que, sem o desmantelamento do racismo no Brasil, seria impossível construir uma nação (Almeida, 2021).

De acordo com dados da Oxford Committee for Famine Relief (Oxfam) de 2017, os mais ricos somavam apenas 2.153 indivíduos, que detinham a riqueza de 4,6 bilhões de pessoas (60% da população mundial). No caso do Brasil, em estudo de 2017, a instituição demonstrou que seis brasileiros tinham uma riqueza equivalente ao patrimônio dos 100 milhões mais pobres. Os 5% mais ricos possuíam a mesma fatia de renda dos demais 95%. De acordo com o relatório, "por aqui, uma trabalhadora que ganha um salário mínimo por mês levará 19 anos para receber o equivalente aos rendimentos de um super-rico em um único mês" (Oxfam, 2017, p. 6). Mesmo sendo uma das maiores economias do mundo, o Brasil atingiu níveis extremos de desigualdade social, agravada pela crise econômica e política que penaliza os segmentos mais pobres, por meio do desmonte de direitos provocado pelas contrarreformas trabalhista e previdenciária e pelo congelamento de gastos na saúde e na educação. A naturalização da desigualdade social é construída por processos de subjetivação e ideologias que apartam o acesso classista diferenciado às riquezas econômicas e simbólicas da sociedade de suas raízes históricas e sociais. A ideologia neoliberal sustenta a ilusão de que somente mediante o esforço e o mérito pode-se alcançar melhor acesso aos bens econômicos e culturais. Além disso, circulam em nosso imaginário representações dos sujeitos das classes populares como inadequados, vagabundos, preguiçosos e perigosos.

Este capítulo foi escrito no momento em que o Brasil e o mundo enfrentavam uma das maiores crises da humanidade: a pandemia da covid-19. A complexidade da crise, que era sanitária, econômica, política e social, atingiu de maneira diferente os grupos vulneráveis. Na verdade, essa conjuntura só reforçava e aprofundava a crise existente desde a década de 1980, quando, no chamado Norte ocidental e também na América Latina e no Brasil, o capitalismo passou a operar na sua face mais desumana: o neoliberalismo. O mercado como entidade reguladora passou a definir todas as outras instâncias — inclusive o Estado, com o esvaziamento das políticas públicas ligadas à ideia de solidariedade (Safatle, 2021). Educação, saúde, previdência e assistência social passam a ser geridos a partir da ideia de produtividade e de possibilidade de gerar lucro para os investidores. A lógica do serviço público se deteriorou, com o aniquilamento das ideias de solidariedade social, cidadania e direitos humanos. A perda progressiva de direitos sociais e trabalhistas, culminando atualmente numa grande massa de trabalhadores precarizados e num enorme contingente de grupos sociais extremamente pauperizados, são produtos dessa visão neoliberal.

Além do progressivo esfacelamento do público, do coletivo e do comum, o neoliberalismo propõe um tipo de individualidade que tem como parâmetro o modelo da empresa (Safatle, 2021). Os valores empresariais e do mercado impõem uma nova servidão, em que a relação consigo, com os outros e com o mundo é regulada por ideias de *performance*, rendimento, produtividade. A exploração de si mesmo é confundida com a ideia de liberdade (Han, 2018). Estamos livres para nos explorar, exigindo de nós mesmos uma produtividade inalcançável. Consequentemente, teremos uma produção social de pessoas impotentes, dado que fracassam na sociedade da *performance*.

A crise provocada pela pandemia de covid-19 revelou as condições precárias nas quais a maioria da população brasileira vive e, ao mesmo tempo, aprofundou as exclusões já existentes. Grande parte dos indivíduos não conseguiu seguir as recomendações da Organização Mundial de Saúde de distanciamento social e procedimentos de higiene e biossegurança. As comunidades periféricas sem serviços de saneamento básico e com escasso acesso às políticas públicas e aos serviços públicos reúnem um enorme contingente de pessoas sem direito à cidade. Elas foram obrigadas a se aglomerar em espaços de moradia restritos e tiveram mais dificuldade de lavar as mãos com sabão regularmente em virtude da escassez de água nesses locais. Além disso, não puderam adotar o distanciamento social, pois precisaram se arriscar nas ruas para trabalhar e alimentar suas famílias.

Analisando o recorte racial, com base em dados de maio de 2020, enquanto 17,6% de brancos puderam adotar o trabalho remoto, somente 9% de pretos e pardos conseguiram fazê-lo.

Embora a doença tenha atingido a população global, não estávamos todos no mesmo barco. Em maio de 2020, entre os 4,2 milhões de brasileiros que apresentaram sintomas da covid-19, 70% eram pretos e pardos. Dessas pessoas, quase 50% tinham baixa instrução, com ensino fundamental ou médio incompletos. Somente 12,5% dos indivíduos com sintomas tinham o ensino superior completo (Aragão, 2020). Portanto, percebe-se claramente que houve diferenças na distribuição dos riscos de se contrair a covid-19, a depender de aspectos como raça, classe, grau de instrução e acesso às políticas públicas, entre outros.

Como elucidar a ausência de comoção diante da monumental desigualdade social brasileira? Como explicar a ausência de culpa, mal-estar ou qualquer incômodo diante não somente da péssima distribuição das riquezas, mas também do desigual acesso aos bens culturais produzidos pela sociedade (Bock, 2009)? Como aceitar que milhões de brasileiros tenham uma vida totalmente indigna e desumana? Grande parte da população vive jornadas de trabalho excessivas, com condições precarizadas, acúmulo de funções, falta de perspectiva de mudanças e uma imensa insegurança pelo medo de perder o trabalho precário.

No Brasil, uma parcela de pessoas das classes incluídas despreza e odeia as classes populares, sentindo-se moralmente superior (Souza, 2017). Esse mecanismo psicossocial produz o abandono e certa condenação dos grupos populares, além da possibilidade de exploração da sua mão de obra com baixa remuneração. Portanto, como demonstra Souza (2017), existe uma parcela da população que constitui uma ralé brasileira, cuja manutenção atende a interesses nessa sociedade desigual, pois sua força de trabalho pode ser explorada. Ademais, as classes privilegiadas podem sentir o prazer da superioridade moral quando se percebem distintas dos grupos populares, vistos como subgente. Nesse sentido, o racismo estabelece uma linha que separa as pessoas de bem dos grupos sociais sem valor, as pessoas que merecem viver das que são deixadas para morrer. O racismo é uma ferramenta eficaz de controle social. Ao projetar nos negros e pobres aspectos desonrosos e desqualificadores, naturaliza-se a dominação e abre-se espaço para que esses grupos sejam explorados economicamente (Almeida, 2021; Kilomba 2019).

Estudar os sofrimentos das existências infames ou invisíveis pode revelar muito da nossa época: suas relações de poder, seus privilégios injustos e a função do ódio e do desprezo dirigidos aos grupos subalternos (Lobo, 2015).

SUBCIDADANIA: RESQUÍCIOS DA ESCRAVIDÃO E A CONSTRUÇÃO HISTÓRICA DO DESPREZO AOS POBRES

O acesso diferenciado aos recursos materiais e simbólicos da coletividade fundamenta-se na noção de subcidadania, construção sócio-histórica com raízes no passado, mas que produz manifestações na atualidade. No Brasil, há uma hierarquia implícita e profundamente enraizada que define quem é gente e quem é subgente (Santos, Mota e Silva, 2013). De acordo com Souza (2017), com a abolição da escravidão e o início da industrialização no Brasil, entre o fim do século 19 e o começo do século 20, os negros foram abandonados e não integrados aos novos processos de trabalho. O rebaixamento moral e as humilhações vividas na escravidão, todo o sofrimento experimentado nas relações com o senhor de engenho — marcadas por mandonismo, sadismo e crueldade — tornaram os ex-escravizados fragilizados e inadaptados às demandas do mundo moderno (Freyre, 2001; Souza, 2015). Atualmente, permanece a divisão entre a casa-grande e a senzala, entre pessoas e coisas. Os grupos marginalizados são desumanizados. Quando morre alguém da casa-grande, há comoção e uma narrativa sobre a trajetória da pessoa. As mortes da periferia são contadas por números frios, banalizadas.

O Brasil foi o último país a abolir a escravidão, e uma das forças que mais contribuíram para esse processo foi a pressão que a Inglaterra exerceu para ter mercados que pudessem receber produtos e máquinas da sua crescente produção industrial (Lobo, 2015). Os imigrantes europeus foram convocados a preencher os novos postos de trabalho necessários na incipiente industrialização do início do século 20. As habilidades esperadas por essa nova racionalidade eram a ordem, a disciplina, a capacidade de previsão e o raciocínio prospectivo, entre outras (Souza, 2015). As diversas situações degradantes vividas na relação senhor/escravo, bem como a falta de um projeto nacional que desse suporte para as novas condições sociais dos recém-libertos, não os colocaram como capazes de aderir a essa nova racionalidade. Na verdade, houve uma política de Estado de branqueamento, a partir da crença, baseada em um racismo biológico, de que as pessoas negras representavam atraso. Os imigrantes europeus receberam incentivos do Estado brasileiro, incluindo terras, enquanto os ex-escravizados formalmente libertos foram deixados à margem da sociedade (Ribeiro, 2019). Não houve nenhuma reparação a um grande contingente de pessoas que, durante quase quatro séculos, contribuíram para gerar riquezas por meio de trabalho não remunerado.

Tendo em vista que o abolicionismo foi atravessado por interesses mais econômicos que humanistas, não houve um projeto para dar assistência aos recém-libertos. Em vez de criar dispositivos que garantissem trabalho, educação popular e distribuição de terras, o projeto nacional foi de abandono e estigmatização dos ex-escravizados, que tinham sua "liberdade" para viver em situação precária (Lobo, 2015). As marcas desse projeto de branqueamento podem ser sentidas até hoje, com a valorização das culturas europeias em detrimento das culturas originárias e a continuidade da segregação das pessoas negras. Além disso, o genocídio dos jovens negros nas periferias urbanas e o extermínio dos povos indígenas na região amazônica e em outros locais em que há disputas de terras demonstram a incômoda permanência do projeto de destruição contido na fundação do país. O Brasil foi fundado sobre corpos: primeiro, os dos indígenas; depois, os dos africanos escravizados. Foi e continua sendo uma terra construída sobre mortos: "Essa terra em permanente ruína porque construída sobre ossos, vísceras e sangue, unhas e dentes, ruínas humanas" (Brum, 2019, p. 127).

A partir da industrialização e do crescimento das cidades, as novas relações produtivas possibilitaram a construcão de uma subjetividade da elite, que se pensava como semelhante à europeia e, depois, à norte-americana: "Moralista, disciplinado e disciplinador, racista, intolerante e autoritário" (Lobo 2015, p. 115). De acordo com Souza (2017), alguns intelectuais brasileiros ligados à sociologia — como Roberto DaMatta e Sérgio Buarque de Holanda, por exemplo — construíram ideias de que seríamos inferiores moralmente em relação aos Estados Unidos. Ainda hoje, essas ideias circulam nos meios de comunicação e impregnam o imaginário popular. Na verdade, formou-se uma espécie de racismo científico — seríamos cordiais, emotivos, corruptos e tradicionalistas em contraposição a um estadunidense pragmático, objetivo, produtivo e que segue regras universais. Os próprios intelectuais brasileiros contribuíram para a construção dessas noções, da nossa vira-latice, dessa imagem rebaixada de nós mesmos. Assim, uma parte da classe média, da elite e dos intelectuais idealizou a cultura dos Estados Unidos e da Europa, contribuindo para a ausência de um projeto nacional, propondo mesmo uma relação de subserviência, como aponta Souza (2017, p. 27): "Somos escravos de casa, escravos de confiança, daqueles que se candidatam a ser um agregado da família, sonho que nossos intelectuais compartilham com nossa elite e nossa classe média em relação aos Estados Unidos".

Coexistindo com o construto da inferioridade do brasileiro em relação ao ideal estadunidense, há no país uma distinção entre os grupos sociais que seriam mais próximos do europeu e do norte-americano e os grupos com ascendência indígena e africana. Nesse sentido, os pobres seriam a ralé distinta das outras classes brasileiras incluídas (Souza, 2017). A suposta superioridade destas vai servir como justificativa para os privilégios e as dominações, naturalizando a desigualdade social brasileira. Portanto, percebem-se, no Brasil, processos psicossociais de abandono e desprezo de grupos sociais e a ausência de uma imagem digna do brasileiro, aspectos que obstaculizam fortemente o desenvolvimento nacional. Mais adiante, utilizarei o conceito psicodramático de coinconsciente para explicar os elementos que compõem o nosso imaginário como brasileiros. O conceito de coinconsciente será aplicado no âmbito nacional, de um país como um grande grupo, com sua história passada e com suas subjetividades compartilhadas.

Retomando o tema da escravidão, sua amplitude como a instituição mais duradoura e conservadora no Brasil leva-nos a considerar fortemente seus resíduos e permanências atuais (Lobo, 2015). O preconceito e o ódio devotados aos escravizados e ex-escravizados foram transmitidos para as classes populares e para as pessoas negras, percebidas pelos outros segmentos como pessoas incapazes, inadequadas e desclassificadas. Essa matriz escravagista brasileira continua determinando a percepção dos segmentos populares como coisas, não como pessoas. A desigualdade social brasileira é perpassada por condições psicossociais que estabelecem quais grupos têm acesso às riquezas materiais e culturais, quem está na posição de carente e quem está na de doador, quem é superior e quem é inferior (Bock, 2009). Há um projeto nacional de violência que ainda perdura ao produzir discursos e concepções sobre os grupos populares, tornando aceitável a sua dominação e destruição (Almeida, 2021).

A reencenação do passado colonial por meio do racismo cotidiano coloca a negritude como um outro a partir do qual a branquitude é construída. Os aspectos que o branco não quer reconhecer em si mesmo, muitos ligados à agressão e à sexualidade, são projetados nos negros, que passam a ser depositários de aspectos "primitivos" (Kilomba, 2019). Assim, as pessoas brancas podem se ver como benevolentes, acolhedoras, bondosas; em suma, pessoas de bem. No Brasil recente e atual, percebemos que os chamados "cidadãos de bem" compõem uma parte da extrema direita que brada por ordem. O patriotismo e o clamor pelo combate à corrupção, na verdade, representam formas de escoamento de ódio e repulsa em direção a grupos minoritários que alcançaram uma pequena representatividade nos últimos anos. Mais adiante, alguns conceitos da sociometria serão utilizados para compreendermos a circulação de afetos entre grupos sociais, suas manifestações relacionais e reverberações subjetivas.

Souza (2017), de maneira provocativa, denomina a classe popular "ralé brasileira", classe social reduzida à força física, tendo em vista que seria supostamente desprovida de capacidades psicológicas, cognitivas e emocionais que facilitam a reprodução do capitalismo competitivo. A exclusão se manifesta como uma inclusão perversa, com a reprodução da miséria. Nos processos de reprodução do capitalismo, todas as pessoas estariam incluídas de alguma forma. Uma parte significativa da humanidade está incluída por meio de privações, de condições insuficientes para levar uma vida digna (Sawaia, 2011). A dialética exclusão/inclusão ou inclusão perversa sustenta o capitalismo, tanto pela gratificação simbólica dos grupos privilegiados, ao se diferenciarem dos grupos periféricos, quanto pela possibilidade de exploração de força de trabalho com remunerações pífias.

No imaginário brasileiro de hoje, percebe-se uma organização hierárquica, não igualitária, que delimita autoritariamente os lugares de cada um, a depender do grupo social de pertença. Um episódio marcante que ilustra esse aspecto foram os chamados "rolezinhos" de jovens pobres, a maioria negros, que foram aos *shoppings* em grande número, no ano de 2013. Eles foram tratados como bandidos por estarem se divertindo nos lugares onde as classes média e alta fazem suas compras (Brum, 2019).

Outro elemento para se pensar a manifestação do racismo são as cotas raciais nas universidades. A desqualificação dessas cotas, que ampliaram o acesso de pessoas que antes não chegavam a esses lugares, também demonstra que o deslocamento de posições no Brasil incomoda os grupos que se sentem com direito à exclusividade em determinados espaços. É intolerável compartilhar os espaços sociais, porque aquele outro seria menos humano e, por isso, perigoso, sujo ou inadequado. A perda simbólica da exclusividade, que parece significar uma perda narcísica de não ser mais "vip", é intolerável para as classes média e alta.

Vejamos outra cena em que o racismo do nosso país foi desvelado: a aprovação da PEC das domésticas pelo Congresso Nacional em 2013, sancionada por Dilma Roussef em 2015, retirou as trabalhadoras domésticas de um tipo de escravidão, na qual eram interditados vários direitos a que outros trabalhadores tinham acesso (Brum, 2019). Essa aprovação se deu com resistência de boa parte da sociedade. O racismo no Brasil produziu e ainda produz muitas cenas como essas, que, infelizmente, são comuns, atualizando o horror cotidiano e a orientação necropolítica do país.

Essas formações históricas e sociais brasileiras permitem elucidar a naturalização da desigualdade social. Além da indiferença ao acesso desigual aos recursos da sociedade, circula no espaço social um ódio direcionado aos grupos populares, o qual se faz notar quando parte da sociedade tolera a violência de Estado perpetrada contra pobres e negros e inclusive comemora chacinas de pessoas em presídios. Como explica Souza (2015, p. 245), "exploramos, aceitamos e tornamos fato natural e cotidiano conviver com gente sem qualquer chance real de vida digna sem ter nenhuma culpa nisso".

O capitalismo liberal-burguês precisou criar justificativas para as desigualdades sociais por ele mesmo engendradas, tentando colocar a exclusão como algo da ordem natural da vida (Lobo, 2015). Cabe às ciências sociais e humanas desconstruir essas ideologias, atuando para tornar visíveis os processos de subjetivação neoliberais. As ideologias neoliberais são eficientes justamente por serem invisíveis, tornando-se uma espécie de realidade natural e inquestionável.

As conservas culturais brasileiras buscam reafirmar ideias, valores e formas de ver a realidade que representam a manutenção de uma espécie de pacto antipopular, podendo ser vetores que alimentam violências (Merengué, 2001). Vomero (2023) propõe a ideia de conserva colonial para salientar os mecanismos de dominação cristalizados que contribuem para a continuidade de um sistema colonial, escravagista e patriarcal. Seriam necessárias descontinuidades nessas permanências das conservas culturais coloniais para que a espontaneidade criadora se manifestasse nas relações cotidianas em nosso país.

IDEOLOGIAS NEOLIBERAIS E A NATURALIZAÇÃO DA DESIGUALDADE SOCIAL

Para sustentar a naturalização das condições precárias de grande parte dos brasileiros, o arsenal ideológico do neoliberalismo cumpre seu papel produzindo subjetividades atreladas ao empreendedorismo e à ideia de meritocracia (Santos, Mota e Silva, 2013). A noção de ideologia como instrumento de dominação, pensada por Costa (2004, p. 160), é adotada neste trabalho: "A ideologia configura-se como força social que instaura uma forma de pensar o mundo que se constitui, na verdade, como dispositivo para não o pensar". A ideologia escamoteia os mecanismos históricos, amortecendo violências, pacificando e docilizando grupos oprimidos e explorados. As ideias dos grupos dominantes se tornam as ideias universais de uma dada sociedade. Souza (2017, p. 23) argumenta que "quem controla a produção das ideias dominantes controla o mundo. Em virtude disso também, as ideias dominantes são sempre o produto das elites dominantes". A classe que é proprietária dos meios de produção também detém os meios de produção ideológica, como os veículos de comunicação em massa. Abre-se um terreno fértil para a produção de subjetividades em larga escala. As ideias da classe dominante se disseminam no tecido social, colonizando a subjetividade das outras classes sociais.

No caso brasileiro, temos as ideias de cunho neoliberal, como a meritocracia e o empreendedorismo, além de todo um processo de convencimento de que os grupos populares seriam inferiores moral e intelectualmente. Ideias como "se você se esforçar, será bem-sucedido" é um tipo de promessa de inclusão no grupo de pessoas que representam a excelência. Os que fracassam em atender a esse chamado representam os infames, a ralé brasileira, pessoas que atraem o ódio e o desprezo da sociedade (Lobo, 2015). Além de serem objetos de desqualificação, os grupos populares podem se culpar pela própria situação de exclusão, dado o triunfo das ideologias elitistas.

A meritocracia mascara a existência de acessos diferenciados não somente à renda, mas a aspectos comportamentais e cognitivos que são cultivados e transmitidos de geração em geração nas classes médias e altas, tais como disciplina, autocontrole e capacidade de planejamento do futuro (Souza, 2017). As classes populares já teriam pontos de partida muito diferentes em relação às outras classes na luta social pelos recursos escassos, podendo ter mais dificuldade de desenvolver a capacidade de planejamento do futuro porque precisam sobreviver com baixos salários, focando nas necessidades do presente. Importante salientar que a ideologia da meritocracia não é recente. Após a abolição da escravidão no Brasil, circulava na sociedade o mito da democracia racial, segundo o qual as possibilidades de ascensão se davam pelo mérito individual, independentemente dos pertencimentos de classe ou raça (Lobo, 2015).

Desde a década de 1980, percebe-se, no chamado Norte ocidental e na América Latina, o triunfo da ideia de mercado como ente regulador de toda a vida social (Safatle, 2021), buscando se tornar a linha exclusiva de pensamento para os cidadãos no mundo todo (Bauman, 2008). O Estado é qualificado como incompetente, ineficaz, inchado e prenhe de corrupção, em contraposição a um mercado eficiente, que sabe administrar bem os recursos disponíveis. Claro que é mais uma ilusão propagada para sustentar ideologicamente essa fase do capitalismo financeiro, pois no âmbito privado há muita corrupção e nem sempre as empresas são bem geridas. O Estado vai se tornando mínimo e a ideia de solidariedade social se deteriora, com a destruição paulatina dos direitos trabalhistas e previdenciários e o desmonte dos serviços públicos. Qualquer ideia que remeta à coletividade é interpretada pelo ideário neoliberal como risco de adesão ao comunismo ou a algum tipo totalitário de organização social (Bauman, 2008). Seria a aposta no mais forte e o abandono de grupos que precisam de algum cuidado coletivo. Resta ao cidadão sobreviver por si mesmo, instado a tornar-se ele próprio uma empresa.

O sujeito empreendedor, na verdade, é um trabalhador precarizado que sente que precisa se explorar ao máximo para conseguir um mínimo para sua subsistência. A visão de mundo neoliberal é tão eficiente que mesmo os que contam com um vínculo de trabalho mais sólido ou são mais incluídos também sentem que precisam se explorar ao máximo, gerar resultados. Quando não produzem, sentem-se culpados — é a culpa capitalista, que coloniza as subjetividades, produz aceleração para cumprir as exigências de uma sociedade do desempenho. Um mal-estar difuso surge e sugere uma sensação perene de fracasso. A lógica do mercado entrou nas mentes e nos corações de forma triunfante.

A fase atual do capitalismo explora ao máximo a ideia de liberdade, transformando-a em exploração de si mesmo. O regime neoliberal estimula a otimização de si, a motivação, a competição, colocando cada um em circuito de produtividade e desempenho. A vida é medida pela produtividade e pela *performance*, com a consequente culpa e a sensação de dívida quando não se conseguem alcançar os ideais neoliberais de rendimento. O capital é um deus que nos pune quando somos devedores. Punição interiorizada e privatizada, posto que somos algozes e vítimas ao mesmo tempo. A servidão neoliberal seria uma submissão à ideia de liberdade mistificada, um sistema inteligente que busca não oprimir abertamente, mas seduzir para que cada um se explore ao máximo. Essa aceleração de cada um faz que o capital se reproduza mais facilmente, o que nos rebaixa, de acordo com Han (2018, p. 13), a um órgão genital do capital.

O capitalismo é um sistema social antropofágico, na medida em que foi hábil em absorver o que antes era utilizado para a sua crítica. A liberdade, a criatividade, a busca do novo e a autonomia eram ideais perseguidos por grupos progressistas e de contracultura, sendo agora assimilados pelo capitalismo neoliberal

(Souza, 2017). A liberdade agora é inovação, a ousadia agora é assumir riscos em trabalhos precarizados, a criatividade está a serviço da produção de novos produtos sedutores que estimulam o consumismo alienante. Colonização da linguagem pelo capitalismo, retirando o potencial revolucionário de ideias que antes moviam utopias libertárias.

Safatle (2021) compreende o neoliberalismo como um sistema de gestão do sofrimento psíquico. Nossos desejos e subjetividades são moldados; somos levados a sofrer de determinadas formas ao delimitar o sofrimento a uma esfera individual e privada, com a retirada do potencial reflexivo de contestação política. O capitalismo neoliberal não procura diminuir ou eliminar o sofrimento do trabalhador e do cidadão. Pelo contrário, a sua dinâmica é a de produção de sofrimento psíquico. Pode-se otimizar a produção instigando formas de sofrer; produzindo um sujeito acelerado pelo produtivismo, que se compromete com o trabalho sem o comprometimento recíproco da empresa; produzindo, em série, pessoas despolitizadas, empresários de si mesmos, corajosos empreendedores que assumem riscos, vivem por conta própria, medem a própria vida pelo modelo empresarial.

A racionalidade do mercado aplicada às vidas individuais leva as pessoas a interpretarem suas ações no mundo a partir da lógica de investimentos e retorno, buscando intensificar suas competências e habilidades emocionais e relacionais (Safatle, 2021). A servidão neoliberal produz a pessoa cansada, esgotada, esvaziada de seu potencial criativo e da capacidade de consciência crítico-política da realidade, com poucas possibilidades de se tornar um agente espontâneo, uma presença ativa, atuante, que tenta modificar as condições insatisfatórias de sua vida. A denúncia de Moreno (1975b) em relação aos diversos obstáculos para se alcançar ações espontâneas e criativas continua atual, agora com as roupagens contemporâneas.

As ideologias neoliberais representam um arsenal ideológico que produz sofrimento, tornando opacas as suas raízes históricas e estruturais. Além disso, naturalizam a desigualdade social ao privatizar a experiência. Tornam invisíveis os processos dos acessos diferenciais aos bens materiais e simbólicos da sociedade, promovendo a individualização dos fracassos e sucessos, desconsiderando as condições que decidem quem pertencerá ao grupo dos excelentes ou ao grupo dos fracassados. Bauman (2001, p. 20) argumentou que o crescente processo de individualização coloca os sujeitos numa posição impossível:

> Passa a ser tarefa do indivíduo procurar, encontrar e praticar soluções individuais para problemas socialmente produzidos, assim como tentar tudo isso por meio de ações individuais, solitárias, estando munido de ferramentas e recursos flagrantemente inadequados para essa tarefa.

Nesse sentido, percebe-se que as próprias teorias psicológicas podem contribuir para compor as ideologias neoliberais e individualistas. De acordo com Silva e Carvalhaes (2016), notam-se duas linhas de pensamento nas teorias e práticas *psi*. A primeira vertente entende a subjetividade como atrelada às relações familiares privadas, atribuindo papel primordial ao período da infância. A subjetividade teria um caráter individual, universal e a-histórico, com uma consequente negligência dos aspectos sociais, culturais e políticos que a compõem. O fenômeno psicológico é naturalizado e as condições reais de vida que forjam as subjetividades são desconsideradas. Já a outra linha de pensamento procura entender de que maneira os aspectos coletivos e estruturais da sociedade podem constituir as subjetividades. Essa vertente objetiva problematizar a complexidade das camadas de constituição da subjetividade.

No caso de uma análise de classes sociais, existem realidades desiguais, nas quais os grupos populares constroem suas subjetividades a partir da falta de acesso aos bens culturais produzidos pela sociedade e pelo imaginário (Bock, 2009). Como há a hegemonia da primeira vertente, as teorias psicológicas ignoram, em certa medida, o maior problema brasileiro, que é a desigualdade social, e esse aspecto pode colocar as ciências *psi* como discursos ideológicos e alienantes (Bock, 2016). Dessa forma, as abordagens psicológicas acabam se tornando aliadas do neoliberalismo e da crescente individualização e psicologização da experiência humana, contribuindo para manter a ordem vigente, repleta de injustiças e opressões. No próximo capítulo, abordaremos a inserção do psicodrama nesse panorama. O psicodrama seria uma teoria que questiona e critica os aspectos insatisfatórios da ordem vigente? Ou teria se enveredado para uma concepção privatista de subjetividade, tornando-se um instrumento social apaziguador? Teria nossa abordagem sido colonizada pelas ideias neoliberais, impossibilitada de questioná-las e desconstruí-las?

(MAUS) ENCONTROS ENTRE CLASSES: AS FACES POLÍTICAS E PSICOLÓGICAS DO SOFRIMENTO

A ideologia neoliberal que coloniza as subjetividades e a construção social e histórica de preconceitos classistas e escravocratas representam aspectos psicossociais que se manifestam nos corpos e mentes dos sujeitos dos grupos populares. As pessoas excluídas, na verdade, estão incluídas perversamente, sendo também alvo das ideais neoliberais. Interiorizam a culpa de não serem bem-sucedidas, atribuindo a própria exclusão a um fracasso pessoal. Além disso, percebe-se que as ideias neoliberais e escravagistas se atualizam nas relações assimétricas entre pessoas de grupos sociais diferentes — raça, classe, gênero —, dando lugar a humilhações e opressões cotidianas. No presente estudo, são adotadas as ideias de humilhação social de Gonçalves Filho (1998), invisibilidade social de Costa (2004), sofrimento ético-político de Sawaia (2011) e outros conceitos que procuram investigar as manifestações subjetivas da exclusão social. Compreender a dimensão subjetiva da desigualdade social amplia o problema para além das análises meramente econômicas, que só consideram a exclusão relativa a renda baixa ou insuficiente ou, ainda, a privações materiais. Bock (2009) entende a desigualdade como acesso diferenciado aos bens coletivos, tanto econômicos quanto culturais — o que produz pessoas que têm mais valor do que outras na hierarquia social.

Gonçalves Filho (1998) desenvolve o conceito de humilhação social como um tipo de angústia proveniente da desigualdade de classes. Trata-se de situações reiteradas, sofridas pelas camadas populares e seus ancestrais de forma crônica e contínua, provocando uma angústia de difícil decifração e manejo. Essas humilhações crônicas representam um fenômeno político e psicológico que provoca a exclusão do mundo humano da iniciativa e oblitera a voz dos excluídos, impedindo-os de alcançar sua humanidade. Nesse processo, o poder criativo e inventivo, que poderia suscitar novas formas de vida, fica prejudicado, pois a angústia proveniente da humilhação social deixa o humilhado triste e preso à visão rebaixada de si mesmo.

> Um sofrimento que, no caso brasileiro e várias gerações atrás, começou por golpes de espoliação e servidão que caíram pesados sobre nativos e africanos, depois sobre imigrantes baixo-assalariados: a violação da terra, a perda de bens, a ofensa contra crenças, ritos e festas, o trabalho forçado, a dominação nos engenhos ou depois nas fazendas e fábricas. (Gonçalves Filho, 2004, p. 22)

A DISTOPIA COTIDIANA DOS OPRIMIDOS

Essas opressões ancestrais e repetidas se infiltram nas subjetividades dos oprimidos, construindo entraves para ações, esvaziando a imaginação, inibindo a iniciativa, colonizando a memória com cenas de mandos e desqualificações. Esse sofrimento oriundo da dominação requer compreensão e ações que sejam psicológicas e políticas (Gonçalves Filho, 2004).

Costa (2004) também trabalhou com o conceito de humilhação social em suas pesquisas, referindo-se a uma angústia ou um sofrimento difuso decorrente dos olhares de rebaixamento de que são alvo os sujeitos de classe populares. Uma das consequências é a cristalização do humilhado como alguém incapaz de oferecer algo à sociedade, retirado da comunidade de trocas. Assim, as pessoas das camadas populares nem sempre necessitam receber algo do Estado ou da sociedade civil, como geralmente se pensa, mas ser vistas como capazes de ofertar algo, de ter seus talentos, habilidades e competências reconhecidos.

A perda de confiança em si mesmo como alguém potente e que pode contribuir com a sociedade é minada pelo sofrimento ético-político, conceito formulado por Sawaia (2011). Trata-se da dor de ser tratado como inferior, sem valor e inútil, sem possibilidades de trocas no espaço público, incapaz de expressar afeto e desejo. Quando a autora entrevistou pessoas com trajetória de rua, percebeu que os sujeitos queriam ser vistos como gente, e que ser visto como inferior é pior do que passar fome, de acordo com os depoimentos. Tais estudos demonstram que o trabalho com grupos populares não pode se ater apenas às questões materiais e de sobrevivência; deve contemplar também a dimensão ético-política da desigualdade social. É preciso revelar o descompromisso do Estado e da sociedade civil com o número considerável de pessoas que não se sentem gente.

Delfin, Almeida e Imbrizi (2017) também ressaltam a dimensão intersubjetiva da desigualdade social ao salientarem a falta de poder sobre a própria vida, a cidade e o mundo do trabalho que se manifesta nos excluídos. A exclusão do mundo da palavra resulta numa mensagem de rebaixamento que continua reverberando indefinidamente em pobres, moradores de rua, desempregados. A invisibilidade provocada pelos maus encontros produz automatismo, perda de iniciativa e corpos enrijecidos, impedindo novos encontros que poderiam produzir vida.

Ainda existem, no Brasil, visões que colocam os pobres e negros como corpos descartáveis, um fardo ou perigo social (Lobo, 2015). Como essas humilhações sociais colonizam a própria subjetividade do excluído, os grupos subalternos passam a ter poucos recursos para resistir aos olhares de rebaixamento e podem, até mesmo, se culpar pela própria exclusão (Delfin, Almeida e Imbrizi, 2017). As raízes históricas desse processo de desqualificação social podem ser observadas nas pesquisas de Lobo (2015), que apontam que no fim do século 19 e começo do século 20 havia no Brasil um projeto de eugenia, em uma tentativa de "melhorar" a qualidade moral e física dos brasileiros — verdadeiro processo de "embranquecimento". Assim, foram propostos vários incentivos para a vinda de imigrantes europeus, que eram mais adaptados à nascente fase do capitalismo industrial no Brasil. Os negros e pobres foram responsabilizados pela deterioração da espécie e pela própria miséria.

Além das humilhações que envenenam as subjetividades dos excluídos, a exclusão social pode provocar desorganização familiar e comunitária. De acordo com Paugam (2011), quanto mais precário for o vínculo de alguém com o trabalho, menor será a ajuda recebida de suas relações sociais. O desemprego ou a inserção em empregos precários acaba por fragilizar a relação do sujeito com a família. Como a exclusão social produz a desmoralização dos pobres, estes podem tentar camuflar a própria inferioridade, isolando-se, sem tentar construir laços com seus pares que estão na mesma situação. Em pesquisas realizadas no contexto francês, Paugam (2011) constatou que pessoas em situação de rua evitam o contato com familiares por se verem como incapazes de estabelecer uma relação de trocas e por sentirem vergonha de se humilhar ao pedir ajuda. Em nosso contato com pessoas marginalizadas, também percebemos a ruptura dos vínculos familiares como um fator de vulnerabilidade muito presente. Apesar de existirem importantes movimentos de solidariedade nas comunidades periféricas, há essa outra face da exclusão, que enfraquece os vínculos sociais.

As pessoas desprezadas pelos preconceitos escravocratas presentes na sociedade brasileira vivem a perda ou ausência da experiência de enraizamento. Trata-se de um conceito formulado por Simone Weil (1996), filósofa, professora e militante de direitos humanos. O enraizamento é uma necessidade humana de participação real e ativa nas trocas da coletividade, com suas memórias das produções do passado e com as perspectivas futuras. A autora estudou a condição de operários em fábricas na década de 1930 na França, percebendo a pressão repetitiva e brutal das tarefas manuais e das ordens despóticas dos superiores. A própria Simone Weil trabalhou por muitos anos em grandes fábricas e pôde perceber em si mesma a produção de resignação, docilidade e pouquíssimo espaço para refletir sobre a própria condição numa vida reduzida à sobrevivência, muito próxima da escravidão. Os entraves para a experiência de enraizamento são consideráveis para os trabalhadores que têm a experiência de serem meras mercadorias, bem como para as diversas pessoas que são tratadas como inúteis, seja porque herdam os preconceitos escravocratas, seja porque não são dignas da sociedade de consumo. Diante desse cenário, o psicodrama pode contribuir para desvelar as ideologias que encobrem e naturalizam a exclusão social? O psicodrama pode contribuir para a transformação rumo a uma sociedade mais justa e solidária, na qual possamos contribuir para um mundo que seja para todos? Pretendemos nos debruçar sobre esses questionamentos no próximo capítulo.

2. Análises e ações do psicodrama diante da exclusão social

O nosso mundo necessita [...] de uma glcrificação do ato criador, um asilo para o criador, um refúgio para as almas sedentas e famintas que só lutam pelos silêncios e grandezas do momento, que dedicaram suas vidas, com infinita modéstia, à transitória realidade do momento e se desligaram da glória permanente da imortalidade.

Jacob Levy Moreno, *Psicodrama*

SABERES *PSI* DESCONTEXTUALIZADOS

A produção das subjetividades brasileiras se dá em uma base material e social que concentra o poder nas mãos da elite dominante. As condições de vida das classes subalternas aparecem de forma muito escassa nas teorias psicológicas. Bock (2009, p. 1) argumenta: "[T]emos feito uma psicologia branca de elite. Nossas teorias tomam as experiências de vida de elites brancas". Alguns grupos têm acesso a bens culturais que facilitam o desenvolvimento e a aquisição de disposições como disciplina, autocontrole e planejamento do futuro, apontadas por Souza (2015). Esse acesso privilegiado a essas disposições pavimenta o caminho para uma vida com melhores oportunidades de emprego e renda para as classes incluídas. Os grupos populares constroem suas formas de ser a partir da falta de acesso às riquezas culturais e de referências marcadas pelo descrédito. Como produzir teorias e propor intervenções para grupos vistos como corpos descartáveis e fardos sociais sem cair no assistencialismo como tutela que mantém a pobreza (Lobo, 2015)?

Torna-se necessário romper com práticas assistencialistas no encontro com as camadas populares. O assistencialismo é uma forma de dominação da pobreza, mantendo o pobre tutelado, dócil e grato pela ajuda recebida. Esse processo retira as possibilidades de potência e criação de novas formas de vida dos sujeitos. As teorias psicológicas precisam lidar com as condições reais de vida, com a vida concreta das pessoas, questionando perspectivas naturalizantes que colocam a subjetividade como algo universal, desconectado de questões históricas e sociais.

O compromisso social de uma teoria psicológica pode ser traduzido na tentativa de romper com visões universais, procurando entender a e intervir na vida concreta das pessoas, contribuindo para a diminuição da desigualdade social no Brasil. Neste capítulo, pretende-se investigar se o psicodrama, como saber psicossociológico, pode contribuir para o desvelamento dos processos de exclusão social. Quais são as possibilidades de análises e ações da socionomia diante do grave problema da desigualdade social brasileira?

A teoria socionômica é sempre atrelada ao método psicodramático. O psicodrama é situado, pelos próprios psicodramatistas, mais como método e técnica do que como uma teoria que poderia ser utilizada para analisar questões importantes. As práticas psicodramáticas ganham maior relevo com as possibilidades de expansão, desenvolvimento e refinamento da teoria socionômica menos exploradas. O questionamento de Merengué (2001, p. 24) se faz oportuno: "Seria demais utilizar a teoria socionômica para compreender outros fenômenos que não aqueles que sofrem a

A DISTOPIA COTIDIANA DOS OPRIMIDOS

intervenção do psicodramatista como diretor? O psicodramatista pode, utilizando as ferramentas teóricas disponíveis, refletir sobre determinado tema?" Um dos objetivos deste trabalho é responder afirmativamente a essas perguntas, utilizando o referencial psicodramático para analisar questões sociais importantes, como os mecanismos psicossociais e políticos da exclusão.

ÉTICA PSICODRAMÁTICA: ESPONTANEIDADE E CRÍTICA À ORDEM VIGENTE

O psicodrama é uma abordagem criada nos primórdios do século 20 em Viena, na Áustria, por Jacob Levy Moreno (1889-1974), que, inspirado pelo pensamento fenomenológico existencial, buscava alternativas para uma ciência das relações humanas. Moreno concebia que as ciências sociais necessitavam de diferentes métodos de investigação ao questionar a objetividade das ciências tradicionais. Dessa forma, reivindicava outro *status* aos objetos/sujeitos das ciências humanas e sociais, no sentido de que eles se tornassem cocientistas e coprodutores do projeto científico (Moreno, 2008). Além das limitações dos modelos científicos, Moreno também foi um crítico da cultura da época, cujas estruturas rígidas e restritivas impediam a expressão da criatividade humana (Almeida, 2006).

Moreno (2016) combatia a ortodoxia e o estabelecido buscando, de maneira inquieta, conceitos e métodos que pudessem criar formas de vida social diante da alienação dos seres humanos. Na esteira da crítica aos aspectos insatisfatórios da ordem vigente, Moreno optou por trabalhar com grupos de pessoas que eram marginalizadas de alguma forma, como profissionais do sexo, refugiados de guerra, adolescentes confinadas em reformatórios e pessoas com psicoses, entre outros. Essa escolha revela mais uma face de sua crítica à produção de subjetividade de sua época, já que as crianças, as prostitutas e os loucos seriam existências que questionam os modelos hegemônicos de subjetivação (Zamboni *et al.*, 2014). As experimentações com esses grupos foram o substrato prático para a elaboração dos conceitos morenianos.

A espontaneidade criadora se manifesta por meio de ações instauradoras de novas formas de estar no mundo; ela permite que as pessoas vivenciem a novidade e a renovação, ações originais que propõem uma relação de descontinuidade e ruptura com a mesmice (Merengué, 2001; Moreno, 2001). Baseado no conceito de espontaneidade, Moreno questionava a alienação da ordem burguesa capitalista, sobretudo os efeitos da industrialização e da mecanização, que inibiam e debilitavam as forças criativas do ser humano. Suas reflexões existencialistas pareciam trazer a inquietante ideia de que a civilização industrializada poderia levar a humanidade a uma autodestruição por meio do triunfo das máquinas. Tal civilização idolatrava as conservas culturais e desconectava as pessoas dos riscos e incertezas da transitória vivência do momento criador (Moreno, 2016). O questionamento das forças instituídas que atrofiam a vitalidade das pessoas representa uma orientação política no sistema epistemológico construído por Moreno. No dia 1º de abril de 1921, ao propor o sociodrama da cadeira do rei em uma Áustria fragmentada, ele pretendia oferecer um espaço para a vivência coletiva de crises sociais (Moreno, 2016).

Moreno se utilizou da arte do teatro não para fins estéticos, mas para a investigação e intervenção nas relações humanas, procurando construir um método para representar conflitos sociais por meio da dramatização. Reconstituir situações passadas ou experienciar vivências não experimentadas em uma realidade suplementar, no palco psicodramático, representa um veículo de expressão das questões vividas no cotidiano de indivíduos, famílias, grupos e comunidades (Contro, 2011). Mais do que propor vivências, o psicodrama representa um novo modo de viver a realidade da vida, um mergulho em uma relação mais profunda com a existência, "um modo de contatar o universo do invisível" (Merengué, 2001, p. 93). A realidade suplementar é a dissolução de fronteiras de um mundo limitado; permite-nos enriquecer a experiência na cena dramática pelo uso ampliado da imaginação (Moreno, 2001; Moreno e Moreno, 2006)

A criação do psicodrama transcendia a construção de um método de ação e fazia parte de um projeto que Moreno denominou "revolução criadora". Seria a busca de um sistema teórico-prático emancipatório de oposição e ruptura com a ordem vigente, de construção de conceitos que trabalhassem ideias como espontaneidade, criatividade, relações autênticas e retorno às forças vitais por meio da vivência e da experiência. Trata-se de uma epistemologia vitalista, que aposta na potência e na alegria como possibilidades de manifestação de uma vida criativa. A ideia era contrapor os padrões de sociabilidade por meio do resgate da espontaneidade criadora. A cultura era vista como a civilização da conserva, denunciada por Moreno (1997) como uma ordem que produzia subjetividades e relações interpessoais ligadas a automatização, rigidez e estereotipia. A proposta moreniana era romper com a mera repetição em busca da criação de novas formas subjetivas e relacionais — criar mundos sem se satisfazer ou acomodar ao que já estabelecido.

O conceito de espontaneidade criadora é um tema central na filosofia existencial de Moreno, que investigava possibilidades de promover uma participação mais ativa do sujeito na realidade. A espontaneidade criadora representa a possibilidade de resgatar a relação de compromisso entre sujeito e mundo, por meio de uma presença ativa e renovada que possa transformar os aspectos insatisfatórios. A espontaneidade descreve o contato através do corpo, com uma presença que alarga as perspectivas de percepção, em que se reconquista a unidade sujeito-mundo pela ação criativa e transformadora (Naffah Neto, 1997).

Na forma de ser no mundo caracterizada pela depressão, teríamos uma alienação das possibilidades de ação espontânea e criativa. De acordo com Romero (2004), a depressão afeta todo o universo da pessoa, levando-a a perder algo significativo e fundamental. Um encolhimento vital do sujeito retira-o do circuito convidativo do mundo, encerrando-o em uma presença sem vitalidade, carente de possibilidades de agir. Trata-se da perda radical da capacidade de retomar a relação de interioridade e de solidariedade com um mundo em permanente mudança, acompanhada da incapacidade de estabelecer uma presença atuante e ativa. Ou seja, da perda radical da espontaneidade.

As possibilidades de ação criativa são um aspecto onipresente na obra de Moreno. A espontaneidade e a criatividade teriam um caráter operacional, se considerarmos o método, e filosófico, quando se examina toda a epistemologia psicodramática. Do ponto de vista operacional ou metodológico, a busca de respostas criativas na cena psicodramática é uma ideia que guia o diretor na coordenação da ação dramática na realidade suplementar. O protagonista é instado a recriar seus papéis sociais na cena, desconstruindo as formas cristalizadas e conservadas dos papéis oriundas de ações estereotipadas e repertórios culturais (Gonçalves, Wolf e Almeida, 1988). As conservas culturais, formas finais e acabadas de processos criativos e espontâneos, estão presentes nos aspectos instituídos dos papéis. Assim, todo papel — como forma organizada e estruturada de ação do sujeito imerso em dada situação interativa — precisa ser recriado não só na cena psicodramática, mas também na vida cotidiana. E é por meio do desempenho de papéis que podemos transformar a realidade.

A catarse de integração é um processo provocado pela mobilização emocional e pela integração de algo antes não percebido, que produz uma nova forma de ser no mundo. Nesse processo, percebe-se que a abertura perceptiva descrita no conceito de espontaneidade trabalhado por Naffah Neto (1997) é algo que possibilita a revelação de experiências antes ocultas.

O conceito de tele põe em relevo a espontaneidade presente nas relações, nas possibilidades de abertura e sintonia entre as pessoas envolvidas. Os participantes mergulham em uma vivência da realidade presente e imediata, com um conhecimento afetivo e intelectual mútuo, em uma relação espontânea, fluida e não cristalizada (Naffah Neto, 1997). A abertura para o outro em uma relação sintonizada traz a ideia de presença espontânea, percepção alargada e disponibilidade para o encontro. A tele seria uma estrutura extraindividual, envolvendo uma relação de mutualidade. A transferência seria uma noção individual, sendo um direcionamento de uma pessoa a outra. A transferência é uma proposta individual para uma relação em que se impõe algo ao outro, negando-o na sua singularidade. O outro é percebido não como um sujeito, mas como um objeto em que se projetam desejos, necessidades, preconceitos. A partir dos estudos de Aguiar (1990), percebe-se que a transferência não é o contrário de tele, pois a tele exprime uma sintonia que ocorre na relação, enquanto a transferência seria um vetor individual de proposta de relação baseada na negação da singularidade do outro. Mais adiante, serão discutidas interações entre pessoas de classes sociais diferentes nas quais a escassez do fator tele foi percebida. Interações que produzem um campo desértico, repletas de repetições, fonte de esgotamento e de impotência. Proponho o termo intersubjetividade desértica como o campo relacional produtor de tristeza, impotência e esgotamento. Trata-se de relações que não produzem criação, constituindo um avesso da tele.

Portanto, além dos aspectos operacionais, a espontaneidade e a criatividade conformam uma espécie de ética psicodramática proposta por Moreno (1975) na sua revolução criadora. Além disso, seriam o sangue que percorre os vasos sanguíneos que irrigam todos os demais conceitos socionômicos. Em todos os conceitos psicodramáticos é possível perceber a espontaneidade e a conserva cultural como polos que retratam uma dança entre o instituído e o instituinte, entre repetição e abertura. A socionomia é uma epistemologia que contém recursos teóricos e práticos que visam possibilitar uma ruptura com a robotização, com a serialização de subjetividades, com uma relação intelectiva e vazia com o mundo, com posturas passivas diante da realidade. Enfim, é o processo que possibilita a recusa de subjetividades impostas pelos poderes dominantes (Vieira, 2017).

Enfatizar a dimensão política do conceito de espontaneidade como via de resistência aos poderes vigentes representa uma forma de atualizar a revolução criadora no nosso tempo histórico. A criatividade, no ideário neoliberal, está associada à ideia de inovação de produtos e desenvolvimento de habilidades e competências a serviço da reprodução do capitalismo. A ordem consumista e produtivista requer pessoas acríticas e despolitizadas, que sejam aprisionadas mais facilmente pelos ideais sedutores do mercado. A espontaneidade criadora, atualmente, pode representar o cultivo de formas críticas e reflexivas de estar no mundo, uma possibilidade de resistência, de diferenciação, de criação de descontinuidades e rupturas. Em outro trabalho, argumentei que os movimentos sociais, os grupos sociais que pedem reconhecimento, as insurgências coletivas e os desvios individuais só podem se dar por um processo em que a espontaneidade criadora instaura uma presença atuante, viva e crítica (Vieira, 2017).

Os pertencimentos de classe e de raça podem afetar as possibilidades de emancipação humana por meio da espontaneidade criadora. As experiências subjetivas da desigualdade social também podem afetar a relação sujeito-mundo, na medida em que as mensagens hostis lançadas pela sociedade provocam encolhimento e restrições nas possibilidades de ação do humilhado; as experiências reiteradas de humilhação provocam tristeza e deixam o sujeito enredado numa visão rebaixada de si mesmo (Gonçalves Filho, 1998).

Nesse sentido, percebe-se uma escassez na literatura psicodramática acerca de seu conceito principal e fundamental, que é a espontaneidade criadora, a partir do recorte de classe social. Parece ser necessária uma inscrição histórica na epistemologia psicodramática. Não se quer negar, aqui, que as pessoas de camadas populares não possam ser criativas e ter potência de ação. Por exemplo, em um estudo que investigava as vivências de jovens que moravam em comunidades periféricas durante a pandemia de covid-19, foi possível identificar que havia recursos de solidariedade e de cuidado coletivo para lidar com os desafios da doença e com o desamparo diante da escassez de políticas públicas. Os jovens relataram ações como produção e distribuição de máscaras artesanais, construção de hortas comunitárias, campanha do agasalho, oferta de atividades recreativas para crianças em meios virtuais, entre outras (Tornelli e Vieira, 2022). Esses esforços comunitários parecem representar um antídoto para lidar com uma ordem vigente neoliberal que coloca foco no desempenho individual.

As forças espontâneas e criativas da comunidade podem produzir outras formas de existência que confrontam os olhares desqualificadores do racismo e da dominação de classe. Mesmo observando esses esforços coletivos, precisamos considerar que os olhares reiterados de rebaixamento, a falta de acesso aos bens simbólicos e o descrédito com que as pessoas das camadas populares são tratadas representam entraves para uma participação ativa que transforme a realidade e crie novas formas de estar no mundo.

Como alerta Kilomba, é necessário não romantizar a margem (2019). A pesquisadora problematiza a noção de margem, entendendo-a como um território social complexo em que as possibilidades de repressão e de resistência podem se manifestar. A vida na margem, fora do corpo principal da sociedade, pode ser um lugar de criatividade, de resistência, de desconstrução de demarcações opressivas de raça, gênero, dominação de classe etc. Apesar das possibilidades de construção de novos mundos, de novas percepções e discursos, é preciso considerar as perdas e privações quando se ocupam lugares periféricos na sociedade (Kilomba, 2019).

Lembremos que as possibilidades de emancipação humana ficam ainda mais restritas porque as classes incluídas pouco atuam nesse sentido. Por exemplo, a classe média representa o grupo mais suscetível de aderir a propagandas fascistas. Nos últimos anos, com a ascensão de partidos de extrema direita em diversos países (Löwy, 2015), as táticas de propaganda fascista ressurgiram. A propaganda fascista dialoga com alguns sentimentos das massas, como a repulsa, por parte de grupos conservadores, à diversidade nas suas mais variadas manifestações: diversidade de formas de viver a sexualidade, de ideias, de arranjos de vida.

As ideologias moralistas e reacionárias propagadas por líderes fascistas, geralmente contidas em palavras de ordem como "família", "pátria" e "Deus", encontram eco em segmentos da classe média (Reich, 2001), que em geral se vê como guardiã da moral para se diferenciar das classes populares e cultivar uma suposta superioridade em relação a elas. Isso é fruto de certa compensação simbólica pela situação econômica inferior quando comparada à classe alta (Souza, 2017), inferioridade que se torna mais acentuada em tempos de crise econômica. A classe média ainda pode se tornar ressentida pelo protagonismo de movimentos sociais que buscam representatividade e reafirmam a diversidade. Nesse contexto de crise, os líderes fascistas canalizam esse ressentimento e estimulam o ódio em relação a outros grupos sociais que possuem arranjos de vida diferentes, como pessoas pobres, negras ou LGBTQIAP. Nesse sentido, apesar de terem mais acesso às riquezas simbólicas e materiais produzidas pela sociedade, alguns segmentos da classe média adotam comportamentos de rigidez e automatismo quando seduzidos pela propaganda fascista. Essa adesão seria antagônica a um alargamento dos horizontes perceptivos, de uma presença ativa na realidade e de uma relação de continuidade com o mundo, aspectos que caracterizam os estados espontâneos (Vieira, 2020).

O psicodrama não deve ficar distante dos conflitos históricos em que todas as pessoas devem tomar partido. O psicodrama seria uma mistura de carne e sonho, corpo e imaginação. Imaginações encarnadas. A imaginação pode ser libertária, revolucionária, desafio à acomodação em busca da transgressão. Portanto, a atuação do psicodramatista brasileiro, que vive em um país extremamente desigual, demanda um enraizamento histórico, social e político da ética psicodramática alicerçada na filosofia da espontaneidade e da criatividade.

POR UM PSICODRAMA ENRAIZADO: PAPÉIS HISTÓRICOS E RELAÇÕES RACIAIS

Naffah Neto (1997) aponta alguns limites do psicodrama, argumentando que Moreno circunscreveu suas teorias e práticas ao escopo do pequeno grupo, deixando de lado as determinações econômicas da história. Esse é um descaminho seguido por outras teorias psicológicas que trazem ideias e conceitos como autenticidade, autorrealização, sublimação e ajustamento criativo, entre outros, que não são problematizadas a partir de diferentes contextos produtores de subjetividade.

Ao centrar-se mais em aspectos individuais, privados e familiares, as teorias psicológicas por vezes servem como ideologias que sustentam o neoliberalismo e ocultam a desigualdade social (Bock, 2009; Silva e Carvalhaes, 2016). A concepção mais subjetivista dos fenômenos sociais contribuiu para dar mais opacidade aos aspectos estruturais da sociedade, situando o psicodrama e outras teorias psicológicas como ideologias que promovem adaptação e conformismo. Nesse sentido, um psicodrama mais psicologizado poderia ser um sistema que fornece suporte ao neoliberalismo. Enfatizar a dimensão psicossocial da socionomia, tentando trazer uma implicação política e histórica aos seus conceitos, pode representar o resgate e a atualização da Revolução Criadora em um mundo neoliberal, desigual, injusto, intolerante e violento.

O enraizamento histórico do psicodrama poderia se dar articulando suas teorias com os movimentos transitórios da sociedade, em que os processos sociais teriam origem e progresso, sem a adoção de fórmulas eternas. Para Marx (2001, p. 30), as relações sociais "não são, pois, verdadeiras senão transitoriamente, visto que nada dura eternamente e que o movimento, a troca, a evolução conflitual são a lei de tudo o que existe".

Os limites do movimento psicodramático brasileiro são problematizados por alguns autores. Aguiar (1990) aponta um movimento de aburguesamento do psicodrama brasileiro que o colocaria, inclusive, como avesso às suas propostas originais. De acordo com o autor, Moreno constrói uma "utopia libertária, fundada na denúncia de toda modalidade de poder institucionalizado, quer sob a forma de organizações sociais concretas, quer sob o manto de ideias inquestionáveis" (p. 30). Percebe-se uma luta de Moreno para combater a ordem institucional do modo de vida burguês, que levou a humanidade a uma profunda decepção, simbolizada na Primeira Guerra Mundial. Os valores burgueses, como o individualismo e a competição, levaram a um esgotamento pela falta de sentido e à busca de novas formas de existência. O psicodrama propunha um modo de vida coletivo, comunitário, solidário e criativo não por meio de abstrações teóricas, mas da própria experiência.

No Brasil, o psicodrama não teria surgido como uma utopia revolucionária, mas como uma alternativa de formação e intervenção em psicoterapia e saúde mental. Aguiar (1990) aponta que a psicoterapia seria uma atividade alinhada com o ideário burguês por ser uma prática elitista e pouco popularizada. As teorizações do psicodrama brasileiro seriam construídas a partir de uma prática psicoterápica da qual uma ampla parcela da população está excluída, comprometendo-se ideologicamente com uma atuação fechada e alienada. Motta (2008) argumenta que, com a institucionalização do movimento, o psicodrama clínico se fez hegemônico, com a redução da participação socioeducacional, formando um campo profissional e científico ligado ao espaço da clínica liberal. Os conhecimentos gerados ficaram focados nas necessidades do psicodramatista em seu consultório particular, já que essa era a necessidade preponderante da comunidade psicodramática.

Mascarenhas (2020, p. 97) denomina "processo de privatização do psicodrama" o movimento de migração do psicodrama das ruas para consultórios e salas de treinamento, do âmbito público para um espaço regulado pelas leis do mercado. Nery (2020) reflete sobre uma possível negligência da comunidade psicodramática brasileira ao não considerar a política ou as relações de poder presentes nas intervenções sociátricas e na sociedade.

Se a matriz de identidade for considerada um processo de desenvolvimento humano circunscrito às relações familiares, a formação de papéis a partir dela pode representar uma leitura reducionista dos processos de subjetivação (Dedomenico, 2020). Moreno (1975, p. 115) descreve a matriz de identidade como uma placenta social na qual a criança se encontra em situação de dependência dos adultos cuidadores — egos auxiliares. A criança recebe a ajuda para se desenvolver e criar papéis e, ao mesmo tempo, recebe a herança social transmitida pelos seus egos auxiliares. Existe um primeiro universo no qual realidade e fantasia estão fundidos. O segundo universo surge quando há uma brecha entre esses dois mundos e a criança passa a diferenciá-los, aquecendo-se ora para ações na realidade, por meio dos papéis sociais, ora para vivências da fantasia, por meio dos papéis psicodramáticos. A criança também percorre etapas nas quais se diferencia dos seus egos auxiliares, reconhecendo a si mesma e os outros, até chegar ao ponto em que seria capaz de inverter papéis com seus egos auxiliares. Moreno (1975, p. 115) argumenta que "a matriz de identidade dissolve-se gradualmente, à medida que a criança vai ganhando autonomia", quando a dependência dos egos auxiliares diminui.

Ao considerarmos a função de historicidade na produção de subjetividades, em que cada pessoa seria uma síntese mais ou menos criativa do período histórico em que vive, percebemos que a matriz de identidade como processo de formação de identidade não estaria restrita à vivência nas primeiras relações familiares. Ao contrário do que pensava Moreno, a matriz de identidade não se dissolveria. Podemos pensar em uma matriz de identidade histórica para representar os processos de produção de subjetividade a partir do nosso lugar social — classe, raça, gênero, orientação sexual e outros marcadores —, além dos sistemas de produção subjetiva do nosso tempo histórico, como o neoliberalismo, o neofascismo, o patriarcado e o sistema de supremacia branca. Os controles sociais da ordem vigente produzem formas de ver a si mesmo e o mundo, produzindo subjetividades permanentemente, muito além do período da infância. A matriz de identidade histórica representa esse processo de formação de identidade articulado com um enraizamento histórico e que perdura por toda a vida.

O conceito de papéis históricos proposto por Naffah Neto (1997) amplia a noção de papéis para além das relações interpessoais, ressaltando a dominação de classe contida nas interações. De acordo com o autor,

> os papéis sociais, em sua estrutura e dinâmica próprias, nada mais fazem que repetir e concretizar, num âmbito microssociológico, a estrutura de contradição e oposição básicas, que se realiza num âmbito maior entre papéis históricos, constituída pela relação dominador-dominado. (Naffah Neto, 1997, p. 208)

As formas relacionais que se manifestam nos papéis sociais representam os aspectos conservados — instituídos — de estruturas sociais, econômicas e políticas mais amplas de determinado tempo histórico. A sociedade colonial, patriarcal, capitalista neoliberal molda os papéis sociais — da inserção de cada pessoa na família, que pode ser um espaço de reprodução dos padrões sociais, às interações sociais cotidianas marcadas por racismo, LGBTfobia, misoginia, dominação de classe.

A relação dominador-dominado, opressor-oprimido caracteriza os papéis históricos que se manifestam, no plano microssocial, nos papéis sociais. Nesse sentido, quando se pensa nas relações sociais entre sujeitos brancos e negros, percebe-se que a branquitude se constrói em complementaridade com a negritude. Ao problematizar o racismo cotidiano, Kilomba (2019) argumenta que o sujeito branco vive uma divisão: uma parte de si é vivenciada como "boa", acolhedora, digna e seria vivida como "eu", enquanto outra parte, "má", violenta, predadora e indolente, seria projetada em algo externo, no sujeito negro como bode expiatório, em que se podem descarregar aspectos vergonhosos ou desonrosos: "Nós nos tornamos a representação mental daquilo com que o sujeito branco não quer se parecer. A negritude serve como forma primária de Outridade, pela qual a branquitude é construída" (Kilomba, 2019, p. 37). Essas relações raciais demonstram que, em determinada situação, os papéis sociais podem concretizar os papéis históricos de brancos e negros, gerando privilégios, cegueiras, violências e opressões que se atualizam nas interações cotidianas.

Moreno (1975) abordou o tema das relações raciais no texto "O problema negro-branco — Um protocolo psicodramático". Em 1945, ele realizou uma sessão de sociodrama em uma universidade do oeste dos Estados Unidos. Na descrição do protocolo, consta que o público consistia de "estudantes de uma oficina de educação intercultural" (Moreno, 1975, p. 425). Na descrição do compartilhamento, Moreno informa que havia cinco pessoas negras "contra" (p. 440) 125 brancos. Era um público de estudantes, professores e intelectuais. Quando Moreno entra no auditório, percebe a presença de um casal de negros entre o público e os convida a subir ao palco. Eles aceitam o convite. Moreno não deixou claras suas motivações para ter escolhido esse casal. Em outros trechos, fica subentendido que ele fora convidado para fazer uma oficina de relações interculturais. Não fica explícito se o racismo existente nos Estados Unidos e o incomodava. Estaria ele mobilizado a utilizar o psicodrama para enfrentar o racismo? Se levarmos em conta o convite que fez a esse casal, parece que sim.

A cena se passa com o casal Richard e Margaret conversando sobre diversos assuntos em um primeiro momento, inclusive sobre questões raciais. Até que Moreno pede que uma pessoa entre em cena fazendo o papel da Sra. Branca. Esta começa a dizer que estava procurando seu filho, que tinha sido agredido por um menino negro. No decorrer do diálogo, vai ficando nítico que a Sra. Branca está mais interessada em encontrar o menino negro do que seu filho. Ela descreve o menino negro como "muito escuro, o cabelo muito escuro" e afirma que ele é um "garoto muito insolente" (p. 430). Então, diz que Richard e Margaret estariam tentando proteger os vizinhos negros, negando-se a dizer onde estaria o menino. Na última interação, a Sra. Branca diz: "Bem, já vi que não pretendem ajudar-me. Vocês são todos iguais". Richard e Margaret se sentem bastante incomodados com a hostilidade da Sra. Branca.

No fim da dramatização, conversando com os protagonistas, Moreno explica que o objetivo do trabalho era fornecer algum aprendizado sobre relações culturais, como se pode perceber neste trecho: "Este é o meu método de ensinar relações interculturais através do psicodrama" (p. 436). Seria um aprendizado vivencial por meio do método sociodramático: "Estamos aqui para viver os nossos problemas, não para representá-los" (p. 436). Ao se dirigir ao protagonista Richard, Moreno percebe que há um forte conflito entre brancos e negros na sociedade americana: "Mas não é você quem está no palco, é o povo negro *versus* o povo branco" (p. 436).

Na parte do compartilhamento, Moreno pergunta às pessoas que participaram pela primeira vez de um sociodrama como foi a experiência e o que as motivou a estar ali. Um "calouro" responde, dizendo que o seu irmão havia assistido a uma sessão de sociodrama em Nova York que trabalhava as relações entre judeus e não judeus. Ele completa: "Como supervisor de uma repartição de assistência social, lido com grupos minoritários. Foi por isso que eu vim. Falei a respeito das suas sessões a três dos meus assistentes sociais, que estão comigo" (p. 440). Portanto, o objetivo de Moreno parece ser entender e intervir nas "relações interculturais". Na análise desse texto e da história do psicodrama, pode-se dizer que Moreno se interessava pela inclusão de grupos minoritários, como os negros e os judeus, que sofrem racismo no contato com outros grupos sociais.

No intuito de fornecer uma compreensão sobre as relações interculturais, Moreno (1975, p. 442) propõe o conceito de princípio da identidade: "No nível adulto, para os não negros, por exemplo, todos os negros são considerados idênticos, o negro; para os não cristãos, todos os cristãos; para os não judeus, todos os judeus". Ele argumenta que o processo de indiferenciação que a criança pequena experimenta entre "eu" e o outro na matriz de identidade também ocorre nas relações intergrupais dos adultos, como um "reflexo coletivo". Assim como a criança pequena não diferencia o "eu" do meio circundante, os não negros consideram todos os negros idênticos, até que alguma experiência concreta promova a diferenciação e revele que os sujeitos do outro grupo têm singularidades.

Para corroborar a sua teorização, Moreno (1975, p. 442) retoma algo significativo que ocorreu no sociodrama: "Neste grupo, notamos que a Sra. Branca tratou os Cowley como se todos os negros fossem iguais: escuros, sujos, cabelos crespos e inclinados a agredir". Ele parece ver nesse princípio de identidade um reflexo coletivo que coloca os grupos interculturais com atitudes robotizadas, como autômatos, carentes de reflexão e percepção das situações concretas, com uma espécie de prontidão e predisposição para estereotipar pessoas de outros grupos sociais.

Moreno demonstra uma solidariedade com grupos minoritários em suas práticas e teorizações, sem, no entanto, buscar uma inscrição histórica para entender as relações de dominação e de opressão. Ao centrar sua análise das relações de poder somente nas interações entre grupos interculturais, percebe-se que há aqui uma concepção individualista ou grupalista sobre o racismo. Para Almeida (2021), a educação seria a principal forma de combate ao problema, buscando-se mudanças de percepção e de comportamento. Ressalta-se mais a natureza psicológica do racismo do que os fatores históricos e políticos. Essa concepção parece estar em consonância com a visão de Moreno ao utilizar o sociodrama para que os grupos interculturais em disputa tenham experiências concretas de interação através da experimentação de cenas conflituosas. A partir da vivência, os sujeitos de determinado grupo poderiam passar a perceber as nuanças e singularidades das pessoas de outros grupos, deixando de vê-las como um bloco homogêneo estereotipado. Por meio dessa catarse de integração, na qual o sujeito preconceituoso integra algo antes não percebido em relação à pessoa do outro grupo social, ocorreria uma mudança psicológica, na medida em que se dissolveria a visão antes desqualificadora. Apesar de valorizarmos a solidariedade de Moreno com grupos excluídos, sentimos a necessidade de ter um olhar mais profundo sobre as relações de poder presentes na sociedade, com suas inscrições históricas.

A compreensão, a intervenção e o combate ao racismo demandam uma análise mais complexa, que abarca aspectos históricos, políticos, institucionais e estruturais. Almeida (2021) argumenta que, em uma sociedade racista, há todo um aparato institucional que impõe regras e padrões sociais que resultam em privilégios para determinados grupos. O racismo institucional é a dominação de grupos sociais hegemônicos que detêm o poder econômico e político e conseguem institucionalizar seus interesses, que são impostos para toda a sociedade. As lutas dos grupos subalternos podem alterar as regras institucionais, fato exemplificado no caso das políticas de ação afirmativa no Brasil, como as cotas para negros nas universidades públicas.

Em relação aos aspectos históricos, a população negra foi liberta formalmente depois de séculos de escravização, mas segregada e abandonada à margem. Em vez de incluir a negritude e reparar os danos da escravidão, o Estado brasileiro adotou uma política oficial de branqueamento da população, oferecendo incentivos para imigrantes europeus no fim do século 19 e início do século 20. Esses episódios históricos deixam marcas que se atualizam no presente, como aponta Ribeiro (2019, p. 78):

> Essa perspectiva marcou a história brasileira, valorizando culturas europeias em detrimento da cultura negra, segregando a população negra de diversas formas, inclusive por leis e pela esterilização forçada de mulheres negras, prática que o Estado brasileiro manteve até um passado recente.

Para Kilomba (2019), os africanos escravizados tiveram de lidar com os traumas históricos coletivos do deslocamento forçado e ainda deparam atualmente com o "colonialismo reencenado e restabelecido no racismo cotidiano, por meio do qual nos tornamos, novamente, a/o Outra/o subordinado e exótico da branquitude" (p. 215). A autora afirma que pensar que o racismo é falta de informação sobre o outro seria uma concepção reducionista. Esta foi exatamente a limitação do trabalho de Moreno (1975) ao teorizar e atuar no que ele chamou de educação intercultural. Se os membros dos grupos em conflito tivessem uma experiência concreta de interação mútua, os preconceitos poderiam se dissolver.

O racismo tem uma dimensão histórica que é atualizada no presente, revestindo-se de aspectos irracionais, como aponta Kilomba (2019). De fato, o que ocorre é a projeção de aspectos da sociedade branca que se tornaram tabus, como a agressão e a sexualidade. A branquitude se constrói projetando na negritude aspectos como a sujeira e a selvageria. A convivência entre grupos étnicos não necessariamente dissipa o racismo, tendo em vista que a violência colonial pode se atualizar e ser reafirmada nesse contato intergrupal, seja pela projeção de aspectos irracionais, seja pelo desejo de manutenção do poder por parte dos opressores.

O conceito de papéis históricos proposto por Naffah Neto (1997) contempla a visão de racismo que conjuga discriminação, história e poder, resultando na supremacia branca. Os papéis sociais concretizam, nas relações sociais, os papéis de oprimido e opressor. A epistemologia e as práticas psicodramáticas precisam de uma inscrição histórica e de uma abordagem crítica das relações de poder.

O psicodrama brasileiro deu importantes passos, no passado e no presente, para se constituir como uma teoria e um método de combate às injustiças. Segundo Nascimento (2020), o psicodrama surgiu no Brasil na década de 1940 no Teatro Experimental do Negro (TEN), a partir das experimentações do sociólogo Alberto Guerreiro Ramos e Abdias Nascimento, fundador do TEN. O trabalho de artistas e intelectuais negros que fizeram as primeiras experiências de psicodrama no Brasil ficou relativamente à margem da história. Uma história branca do psicodrama foi contada durante muito tempo nos cursos de formação.

Aguiar (1990) reflete sobre um psicodrama brasileiro burguês, que, com a perda dos aspectos revolucionários de sua origem nas ruas e nos coletivos, surgiu como alternativa para o atendimento em psicoterapia. Outros autores apontam a progressiva privatização do psicodrama brasileiro em consultórios e empresas, bem como a desconsideração de questões políticas por parte dos psicodramatistas (Mascarenhas, 2020; Nery, 2020). O aburguesamento e a privatização fomentaram teorias comprometidas ideologicamente com relações familiares privadas e com o mercado neoliberal.

A denúncia da privatização do psicodrama encontra respaldo em parte do movimento psicodramático atual que luta por atuações e construções teóricas em torno de temas políticos e sociais. Quando se pensa no surgimento do psicodrama como algo confinado a um mundo burguês, desconsidera-se o papel de Alberto Guerreiro Ramos no combate ao racismo. O TEN era um espaço de luta antirracista que tinha como objetivo "a recuperação e a defesa dos valores de origem africana como base de uma identidade própria do negro como protagonista no palco da sociedade brasileira" (Nascimento, 2020, p. 18). A inserção do psicodrama nessa frente de luta representa um episódio muito significativo se considerarmos que vivemos em um país com fortes resquícios de padrões de sociabilidade escravagistas. No TEN, Ramos se utilizava de sociodramas para promover um "processo sociológico de purgação de conservas culturais" (Ramos, 2020, p. 48). Maria Célia Malaquias (2020) nos mostra que o sociólogo pretendia combater o racismo através do sociodrama, propondo cenas com papéis de opressores e oprimidos, visando à libertação dos últimos. Em relação ao movimento psicodramático atual, ela se destaca como uma importante liderança nas teorizações e inúmeras práticas que buscam combater o racismo no Brasil.

SOCIOMETRIA: INVESTIGAÇÃO DA SOCIEDADE A PARTIR DOS PEQUENOS GRUPOS

As limitações do psicodrama brasileiro, que passou por um processo de privatização, relacionam-se com a pouca consideração dos fundamentos epistemológicos da sociometria (Aguiar, 1990). Em seus escritos, Moreno (2020) estabeleceu ideias sobre relações sociais, sociedade e mudança social, pretendendo estudar a organização dos grupos e a posição dos sujeitos dentro deles. As correntes afetivas que flutuam entre indivíduos geram forças de atração, repulsa ou indiferença.

Moreno pretendia fundar uma abordagem original sobre o estudo da sociedade, inspirando-se em Karl Marx em alguns aspectos, mas buscando se diferenciar em outros. Ele reconhecia o valor de Marx, apontando que este tentava não somente investigar o funcionamento da sociedade, mas também promover uma mudança social estrutural. Para Moreno (2020, p. 72), investigação e mudança andam juntas: "A única maneira segura de descobrir a estrutura básica da sociedade humana é mudá-la". Ele percebia em Marx um filósofo interessado no mundo concreto, com teorias que incitavam à ação transformadora da sociedade. Porém, o ponto de ruptura com o pensamento marxista é ilustrado por esta citação: "Pode-se dizer que ele [Marx], talvez o maior realista da avaliação das forças sociais que atingem a sociedade humana de fora, era um irrealista e um ilusionista no que diz respeito à estrutura 'interior' da sociedade humana" (Moreno, 2020, p. 72).

Moreno abandona uma possível utilização da epistemologia psicodramática para analisar as classes sociais, que seriam agrupamentos humanos muito numerosos e difíceis de ser mapeados empiricamente, e decide, fazendo um recuo, realizar análises de pequenos grupos. Ele gostaria que os conceitos sociométricos surgissem a partir dos experimentos com pequenos grupos, sem ideias apriorísticas ou não sociométricas. Moreno (2020, p. 72) pontua que Marx "tinha pouco respeito pelo indivíduo e pelas pequenas unidades sociais". Em sua visão, Marx se preocupou demasiadamente com a sociedade humana de uma maneira mais ampla e, ao mesmo tempo, tornou-se incapaz de mapear as estruturas interindividuais que poderiam potencializar as ações revolucionárias.

A realidade social seria a síntese da sociedade externa e a matriz sociométrica. A sociedade externa seria a soma de todos os grupos — pequenos, grandes, formais ou informais. Embora Moreno tenha utilizado somente a palavra "grupo", entendemos que os grupos formais podem representar instituições mais amplas. A matriz sociométrica constituiria estruturas interindividuais que ganham visibilidade a partir da análise sociométrica. Ao estudar a sociedade e procurar desenvolver uma teoria social para a socionomia, Moreno enfatizou a pesquisa das estruturas sociométricas. O que ele denominou "sociedade externa" não foi objeto de maior desenvolvimento teórico — fato apontado por Naffah Neto (1997) como um limite do psicodrama, como já mencionado. O enfoque restrito ao pequeno grupo, sem considerar as determinações econômicas históricas, resulta em uma espécie de psicossociologia individualista. Apesar do foco relacional e grupal, as forças históricas, sociais e políticas ficam ocultas na obra moreniana. Os sujeitos parecem pairar acima da história e das estruturas de poder que conformam subjetividades e relações sociais.

A articulação entre coletividade e subjetividade é considerada por Moreno, como se percebe nesta citação: "O impacto de nossa ordem social e cultural é tão abrangente e penetrante que não existe nenhum agrupamento que não seja permeado por algum grau de coletividade" (Moreno, 2020, p. 166). O sujeito moreniano está profundamente envolvido por aspectos coletivos, nunca está isolado. Ele também argumenta que os mundos privado e social não seriam realidades independentes: "Não há uma *psique* que seja um produto privado reinando em esplêndido isolamento e não há *socius* produto apenas de forças sociais" (Moreno, 2020, p. 168). O conceito de papéis sociais também é uma ideia interessante que evidencia o atravessamento de aspectos coletivos e sociais na subjetividade. Os repertórios coletivos estão presentes nos papéis, que devem ser atualizados e recriados por meio da espontaneidade e criatividade nas interações sociais cotidianas e concretas. No entanto, ao centrar-se na microssociologia das relações e não abordar os intercâmbios e as tensões entre os aspectos macro e microssociais, o psicodrama deixa lacunas. Mesmo munido de conceitos psicossociais que poderiam ser potentes, o psicodramatista corre o risco de adotar um enfoque mais individualista, familista ou grupalista.

Para Moreno, era necessário que as ciências sociais transformassem a realidade, fossem revolucionárias. As intervenções sociométricas deveriam solapar e superar a antiga ordem. O experimento sociométrico precisa incomodar e perturbar os grupos: "Se não produzir um transtorno em algum grau, pode levantar suspeitas de que o investigador o tenha modificado para que — em relação a uma ordem social existente — se torne um instrumento inofensivo e empobrecido" (Moreno, 2020, p. 53). A ordem social ideal defendida por Moreno era uma "criatocracia", um tipo de sociedade livre e flexível em que todos(as) seriam acolhidos(as) e incluídos(as), na qual as ideias e a participação produtiva de todos os indivíduos seriam consideradas. Pode-se depreender que uma ideia motriz moreniana era a inclusão de pessoas marginalizadas, e que ele almejava facilitar a emergência das potências criativas dos rejeitados.

Moreno (2020, p. 215) cunhou o conceito de proletariado sociométrico para se referir pessoas isoladas, rejeitadas, negligenciadas: "Existem numerosos indivíduos e grupos cujo volume de atrações, papéis, espontaneidade e produtividade está muito abaixo de suas necessidades e capacidade de consumá-los". Essas pessoas isoladas experimentam uma escassez de contextos relacionais e grupais nos quais poderiam enriquecer seus processos criativos e espontâneos e desenvolver seus papéis. Com o encolhimento do ser, produzido pelo isolamento sociométrico, as possibilidades de ação no mundo de forma integrante e ativa ficariam comprometidas.

Na visão moreniana, os rejeitados estariam difusamente distribuídos nos diversos grupos sociais: "O proletariado sociométrico tem suas vítimas em todas as classes, ricas ou pobres, negras ou brancas, entre pessoas de alta ou baixa inteligência, de espontaneidade superior ou inferior" (Moreno, 2020, p. 209). Na teorização e prática do psicodrama em um país tão desigual como o Brasil, é difícil ignorar o pertencimento de classe como algo que afeta de maneiras muito distintas as experiências concretas das pessoas, assim como outros marcadores sociais, como raça, gênero e orientação sexual.

O conceito de classe social é refutado por Moreno (2020, p. 210): "Mas, sociometricamente falando, não existe o tipo de coisa como 'classe', classe capitalista, classe média e classe operária. O conceito de classe é mitologia pré-sociométrica". Chama a atenção o fato de que, no texto sobre o problema negro-branco, o autor entende que o pertencimento de classe afeta e condiciona a percepção das pessoas. Ao analisar a composição do grupo que participou do sociodrama, ele diz: "As classes operária e camponesa não estão representadas. Imagine-se como reagiria a esta situação um público de agricultores e operários" (Moreno, 1975, p. 440). Nessa citação, percebe-se que ele considerava que a classe social atua nos processos de subjetivação, que variam de acordo com o grupo social de pertencimento. Porém, ao adotar o conceito de proletariado sociométrico, Moreno nega o de classe social, o que resulta em uma visão de subjetividade universal muito hegemônica no meio *psi*. Em vez de se pensar a subjetividade constituída por múltiplas forças sociais e históricas, a ideia de um sujeito universal e a-histórico colabora para a psicologização de questões que são estruturais e sistêmicas (Silva e Carvalhaes, 2016).

Em uma sociedade desigual como a brasileira, ideias, memórias, valores e formas de se posicionar no mundo não são homogêneas (Bock, 2009). As experiências da desigualdade produzem diferenças que precisam ser consideradas. A psicologização de problemas sociais e a negação dos papéis históricos de opressor e oprimido podem tornar as ciências *psi* aliadas a ideologias neoliberais.

Na compreensão do Brasil e das cenas da realidade suplementar, o psicodramatista se torna um agente de pacificação social se desconsiderar os aspectos fundamentais da nossa realidade latino-americana capitalista, patriarcal e escravagista. Há muitas correntes dentro do psicodrama. De um lado, existe um movimento de perda da crítica dos aspectos insatisfatórios da realidade social e certo aburguesamento do psicodrama, percebido em teorias e práticas que valorizam demasiadamente as relações privadas e familiares (Naffah Neto, 1997). As teorias da matriz de identidade utilizadas para compreender as cenas regressivas da infância e intervir nelas são exemplo de um enfoque que direciona o olhar para o sujeito e suas relações familiares, sem inserção em um mundo social mais amplo. De outro lado, há psicodramatistas que procuram realizar sessões públicas de psicodrama, enfatizando o caráter comunitário e político das relações sociais. Existem, ainda, grupos que buscam articular psicodrama e política, centrando suas análises nas determinações macrossociais que esvaziam a capacidade criadora dos sujeitos e afetam a vivência dos papéis sociais no cotidiano.

APOSTANDO NA POTÊNCIA CRÍTICA E TRANSFORMADORA DO PSICODRAMA

Como vimos, Moreno pontua que as intervenções sociátricas precisam perturbar, produzir transtornos e desacomodações para fomentar novas ordens sociais. Os métodos sociométricos deveriam ser revolucionários. Nesse sentido, ele apresenta uma interessante ideia, que denominou "espontaneidade produtiva popular" (2008, p. 143) — ou seja, as forças transformadoras de um grupo ou de uma comunidade que contestam as estruturas vigentes e instigam mudanças. Mas quais aspectos da realidade Moreno gostaria de transformar? Ele pretendia que a sociedade de sua época fosse menos racista? Que o patriarcado, que oprime mulheres e pessoas que não vivem de acordo com os padrões heteronormativos, fosse mitigado? Que a sociedade fosse mais justa do ponto de vista da distribuição das riquezas materiais e simbólicas? Percebe-se uma contradição em seu pensamento, visto que Moreno cria conceitos que transitam entre o individual e o coletivo, mas sem abordar com clareza os determinantes sociais de sua época que produziam sofrimento, opressões, privilégios. Quais aspectos culturais, sociais, históricos e políticos podem interferir no desenvolvimento de uma participação ativa e criadora na realidade através da espontaneidade e da criatividade?

O psicodrama é uma epistemologia que pode contribuir para o desvelamento dos processos psicossociais da desigualdade social. A socionomia é um campo fecundo de análises e ações em relação ao mais grave problema brasileiro, que é a imensa desigualdade social. Como vimos, o resgate do conceito de papéis históricos contribui para que o psicodramatista alcance um olhar crítico sobre a dinâmica das classes sociais, que faz que pessoas experimentem mundos psicológicos e materiais distintos, dependendo do grupo de pertencimento (Naffah Neto, 1997). O protagonista, representante do drama coletivo, pode questionar seus papéis históricos de oprimido impostos pelos enredos sociais capitalistas, escravagistas, patriarcais.

A partir de uma atuação sociocrítica, as vivências sociátricas constituem um espaço de resistência à crescente privatização e individualização da experiência estimuladas pelo neoliberalismo. A perspectiva relacional e psicossocial da socionomia potencializa a espontaneidade como processo coletivo de criação de novos olhares que escapam ao ideário individualista neoliberal. Na cena sociopsicodramática, a escuta crítica e política do psicodramatista pode suspender a busca de cenas conciliatórias, com desfechos harmônicos que intensificariam os processos de subjetivação neoliberais. Uma parcela de psicodramatistas entende a cena como ferramenta de resolução de conflitos. Por outro lado, concordamos com Massaro (1996): a cena é abertura para experimentações, para a produção de novas subjetividades e a negação de outras que apagam nossas potências; ela é capaz de sustentar a angústia, instaurando uma sensibilidade política produtora de outros olhares. Recusaria, assim, as subjetividades homogêneas da sociedade de consumo e do desempenho. Seria a espontaneidade produtiva popular pensada por Moreno.

O conceito socionômico de coinconsciente representa uma ferramenta analítica interessante para o desvelamento da imensa desigualdade social brasileira. Na década de 1930, Moreno formulou esse conceito para descrever as subjetividades compartilhadas em determinado grupo. Seriam estados subjetivos produzidos por pessoas que têm uma convivência duradoura e significativa, os quais não são de propriedade individual e só podem ser criados e ativados em conjunto. Os estados coinconscientes são construídos e ativados pelas ações interativas realizadas por meio dos papéis (Knobel, 2011).

Posteriormente, em 1961, Moreno ampliou sua análise do âmbito estritamente grupal e passou a considerar o contexto social mais amplo. Em vez de contatos íntimos em pequenos grupos, o compartilhamento de experiências culturais e sociais produz estados subjetivos comuns a pessoas de uma mesma cultura. Portanto, os estados subjetivos compartilhados ou coinconscientes podem ser produzidos e ativados também por um contato indireto de um grande grupo social. Knobel (2016) argumenta que Moreno foi precursor da ideia de inconsciente social, bastante estudada na contemporaneidade. A autora aponta que os conteúdos coinconscientes seriam um conjunto de significados estáveis que se cristalizam, conformando um caráter transferencial e não télico, produzindo resistências e empobrecendo as relações sociais. Os preconceitos, as ideologias, as percepções sobre determinados grupos sociais formam imaginários compartilhados que esvaziam as possibilidades de sintonia télica nas relações cotidianas (Knobel, 2016).

Nesse sentido, proponho a noção de coinconsciente social brasileiro para lançar luz sobre as relações de poder históricas entre grupos sociais no país. Os preconceitos escravocratas e classistas construídos historicamente no Brasil seriam elementos coinconscientes sociais brasileiros que constroem percepções desqualificadoras em relação aos pobres e negros. A partir dessas subjetividades compartilhadas pelas classes média e alta, correntes sociométricas de afetos de desprezo são dirigidas aos grupos populares, o que representa um forte obstáculo para que essas pessoas sejam tratadas como dignas de reconhecimento. De acordo com os pressupostos da sociometria, fluxos de rejeição e de atração circulam entre indivíduos e entre grupos. Moreno (2020) aponta o medo, a raiva e a simpatia como variações desses afetos.

Analisando o ódio secular direcionado às classes populares, percebe-se que a sociedade brasileira tem elementos coinconscientes ligados a ideias antipopulares e de total indiferença com o destino de uma parcela do povo (Souza, 2017). Esses elementos foram construídos historicamente, atualizando-se e manifestando-se na forma de correntes sociométricas de repulsa, ódio e indiferença em relação às classes populares. Proponho a denominação "correntes sociométricas necropolíticas" para designar esses afetos que percorrem as redes sociais, atingindo cotidianamente as pessoas situadas na margem com mensagens de desvalia e esvaziando suas capacidades criativas. O coinconsciente social brasileiro de orientação antipopular produz maus encontros entre pessoas de classes sociais diferentes, campos de intersubjetividade desértica que geram impotência, tristeza, ressentimento e escassez de possibilidades criativas.

A falta de acesso a condições de cidadania condena grande parte da população brasileira a uma vida sem perspectivas de compartilhar as riquezas materiais e simbólicas produzidas pelo país. No momento em que este capítulo é escrito, em agosto de 2022, temos 33 milhões de pessoas passando fome e 125 milhões em situação de insegurança alimentar no Brasil.[1] A fome atinge mais mulheres negras que moram nas regiões Norte e Nordeste. Tal situação alarmante é consequência da extinção de políticas públicas de combate à fome realizadas pelo governo de Jair Bolsonaro (Pomar, 2022).

Os conceitos socionômicos podem, portanto, contribuir para questionar os aspectos psicossociais encobertos da sociedade brasileira que perpetuam a desigualdade social no país. Bauman (2001, p. 266) mostra a importância de se mapear os determinantes sociais e políticos que causam sofrimento: "No caso de uma ordem social doente, a falta de um diagnóstico adequado é parte crucial e talvez decisiva da doença. Está doente a sociedade que deixa de se questionar". Segundo o sociólogo, o desvelamento e o conhecimento das forças sociais antes ocultas são fatores de transformação: "Nos esforços de melhorar a condição humana, diagnóstico e terapia se misturam" (*ibidem*). A visibilidade em

---

1. A edição de 2024 do Relatório das Nações Unidas sobre o Estado da Insegurança Alimentar Mundial revelou queda de 85% na insegurança alimentar grave no Brasil, processo que começou depois que Luís Inácio Lula da Silva assumiu a presidência. Além disso, o número de pessoas que passam fome diminuiu para 2,5 milhões de brasileiros. [N. E.]

relação a esses aspectos violentos e segregadores da sociedade brasileira pode ser um caminho para alcançarmos uma sociedade democrática. As correntes sociométricas necropolíticas dirigidas aos grupos populares são aspectos psicossociais que mantêm a desigualdade. Ainda não vivemos em uma democracia.

Kilomba (2019, p. 43) descreve o processo pelo qual o sujeito branco pode passar a se reconhecer como alguém que pratica o racismo: negação, culpa, vergonha, reconhecimento e reparação. Na recusa de se reconhecer a desigualdade social como algo cuja manutenção beneficia as classes incluídas e condena grande parte da população a uma vida de escassez, nega-se a realidade. A culpa e a vergonha contribuem para a constatação dos erros históricos, o que pode levar ao reconhecimento dos grupos oprimidos como sujeitos. Dessa forma, abre-se espaço para ações de reparação através de mudanças de relações sociais, da linguagem, de políticas públicas.

O conceito de coinconsciente — levado a uma dimensão macrossocial brasileira como subjetividades compartilhadas pelos grupos incluídos com conteúdo antipopular — é capaz de contribuir para tornar mais claros os imaginários que desumanizam determinados grupos. Assim, os psicodramatistas podem contribuir para desconstruir as ideologias neoliberais que negam a desigualdade social como construção sócio-histórica brasileira. O Estado e parte da sociedade seriam levados a sentir culpa e vergonha pela situação de precariedade material e simbólica vividas pelas classes populares, o que talvez resultasse em reconhecimento e busca de reparação. Resgatando o psicodrama como crítica à ordem vigente, é possível desconstruir a ideia que colonizou subjetividades de todas as classes sociais: de que a solução para os problemas sistêmicos do capitalismo escravagista patriarcal brasileiro depende somente do desempenho individual.

Nos próximos capítulos, investigaremos teorizações e práticas psicodramáticas que nos ajudem a entender e agir em relação ao problema da desigualdade social brasileira. Apresentaremos ideias e histórias emergentes a partir da imersão do coletivo de pesquisa em uma casa de apoio com práticas de cuidado em saúde mental oferecidas para pessoas em situação de vulnerabilidade.

PARTE II

Incursões socionômicas no campo

3. Percursos metodológicos

Nesta segunda parte do livro, objetiva-se apresentar as incursões socionômicas no campo a partir do contato do coletivo de pesquisa com usuários de uma casa de apoio de uma cidade do Centro-Oeste brasileiro. A equipe, coordenada por mim e por estudantes do curso de Psicologia de uma universidade pública, atua desde 2015 na instituição, oferecendo, como cuidados, o plantão psicológico de segunda a sexta-feira e encontros grupais semanais. Essa casa de apoio fornece alimentação e espaço de convivência para sujeitos com diversos graus de marginalização — de pessoas em situação de rua e andarilhos a desempregados, excluídos do mercado de trabalho e trabalhadores de baixa renda. Por meio da descrição e discussão das práticas sociátricas, pretendemos pesquisar as forças que atuam nos nossos encontros com os usuários, bem como escutar a voz dos excluídos, as perspectivas de quem vive à margem.

Fundada em 2008, a associação, sem fins lucrativos, presta cuidados relacionados a alimentação, higiene pessoal e vestimenta, além de realizar palestras educativas. Tendo em vista certa heterogeneidade do grupo de pessoas atendidas, a noção de vulnerabilidade social pode ser um denominador comum para compreendermos o lugar social que elas ocupam. De acordo com Paulon e Romagnoli (2018), vulnerabilidade social seria a vivência de condições desfavoráveis, decorrentes da exclusão social, que diminuem a capacidade de resposta diante de situações de risco. Trabalhos precários ou desemprego, escasso acesso a serviços básicos e políticas públicas e relações sociais frágeis são fatores que costumam produzir a vulnerabilidade social (Romagnoli, 2015).

Nos encontros do coletivo de pesquisa, há um espaço para a formação em psicodrama por meio do estudo da literatura especializada e da realização de *role playings*, que reconstituem situações de impasse ou dificuldade vividas nos plantões psicológicos, nos encontros grupais e até mesmo na relação com as pessoas que trabalham na instituição. Além do estudo nos encontros do coletivo de pesquisa, os estudantes de graduação estabelecem um contato de aprendizagem com o psicodrama por meio de duas disciplinas obrigatórias: "Epistemologia e Sistemas em Psicologia III: Abordagens Fenomenológicas" e "Teorias e Técnicas Psicoterápicas II". Somado a esse esforço para a incursão no pensamento psicodramático, o contato com o sofrimento ético-político expressado pelos usuários trouxe a necessidade de estudarmos temas como racismo, feminismos e gênero, formação social brasileira, luta de classes, perspectiva decolonial e clínicas sociais, entre outros, que contextualizassem o sofrimento das pessoas atendidas em um âmbito social atravessado por diversas opressões. O objetivo era politizar a nossa atuação, bem como sair do fechamento de um olhar individualizante, psicologizante e intimista para melhor perceber as subjetividades produzidas pela distopia neoliberal patriarcal e fascista da atualidade.

Os próximos capítulos apresentam as investigações fundamentadas na epistemologia qualitativa, que consiste na coleta de dados e informações a partir do registro por escrito dos atendimentos de plantão psicológico e dos encontros grupais. A epistemologia qualitativa representa um conjunto amplo de maneiras de produzir conhecimento que têm como foco a dimensão subjetiva, singular e sócio-histórica da experiência humana. Trata-se de um movimento que busca uma forma de fazer ciência que preserve e abarque a especificidade das experiências subjetivas. O psicodrama se insere nesse movimento como sistema teórico e prático que permite conhecer o mundo fenomenológico de sujeitos e coletividades (Monteiro, Merengué e Brito, 2006; (Merengué, 2006).

Foi adotado o método fenomenológico de pesquisa, a fim de realizar uma investigação empírica capaz de compreender aspectos particulares das vivências dos sujeitos em diversas situações do cotidiano (DeCastro e Gomes, 2011). Pretendeu-se exercer a diretriz da redução dos juízos e conhecimentos preconcebidos. Dessa forma, buscou-se o retorno ao vivido, às coisas mesmas, como caminho para elucidar o inesperado, a surpresa, novas interpretações que permitam novas versões do vivido (Amatuzzi, 2003).

Durante os atendimentos dos plantões psicológicos e da realização dos encontros grupais, algumas perguntas norteadoras fundamentaram nosso olhar nas interações com os usuários: 1) Como eles experienciam a desigualdade social? 2) Eles se percebem pertencentes a alguma classe ou grupo social? 3) Como a desigualdade e a injustiça sociais acontecem na vida cotidiana? 4) Como seriam as discriminações e os preconceitos dirigidos a eles? 5) O que essas experiências provocam em seu corpo e sua subjetividade? 6) Quais são os efeitos ou reverberações das humilhações sociais, do sofrimento ético-político? Como se instala progressivamente o veneno da exclusão?

Partindo dessas perguntas, pretendeu-se compreender a realidade existencial do sujeito de maneira o mais fiel possível às suas vivências, a fim de abrir "espaço para a possibilidade de perceber o outro de forma plena e 'ver o invisível', muito além do verbal" (Moreira e Guedes, 2007, p. 75). Os sujeitos que consentiram em participar da pesquisa assinaram um Termo de Consentimento Livre e Esclarecido ao final de cada atendimento.

Cada atendimento de plantão psicológico e cada encontro grupal gerou um diário de campo, no qual os integrantes do coletivo de pesquisa registraram, por escrito, os acontecimentos, falas e interações mais significativos, tendo como horizonte as perguntas norteadoras da investigação. Os pesquisadores procuraram elaborar e organizar os acontecimentos das interações com os usuários, gerando vários arquivos de texto que constituíram o material de pesquisa, o qual foi analisado qualitativamente. A análise dos diários de campo gerou a construção de categorias ou temas que representam os resultados da pesquisa, contidos nos capítulos subsequentes.

Para a análise dos dados, foi adotado o método descritivo psicológico e fenomenológico de Giorgi (2012), que é um modelo de análise de depoimentos através de etapas sistematizadas, tais como:

1. Apreensão do sentido do todo: nessa etapa, foi feita uma leitura atenta de cada diário de campo com a finalidade de se obter o sentido global da narrativa.
2. Discriminação das unidades de significado: releitura de cada diário de campo para registrar trechos em que se manifestam as vivências subjetivas da desigualdade e o significado dessas vivências para os sujeitos.
3. Comparação das unidades de significado: comparação dos dados recolhidos na etapa anterior, com a finalidade de obter e explicitar os elementos comuns.
4. Transformação em linguagem psicológica: interrogação ampla dos textos contidos nos diários de campo para estudar o que os sujeitos quiseram expressar. Nessa etapa, pretendeu-se realizar uma interação entre a pesquisa fenomenológica e

a teoria do psicodrama, analisando o material das vivências dos sujeitos à luz de conceitos como papéis, espontaneidade, teletransferência e coinconsciente, entre outros.

5. Síntese das unidades de significado: sistematização, em categorias, das vivências referentes à desigualdade social vivida pelos usuários.

4. Plantão psicológico psicodramático: ampliando possibilidades clínicas

> *E vieram dizer-nos que não havia jantar.*
> *Como se não houvesse outras fomes*
> *e outros alimentos.*
> *[...]*
> *Tudo se come, tudo se comunica,*
> *tudo, no coração, é ceia.*
> Carlos Drummond de Andrade, "Hotel Toffolo"

PLANTÃO PSICOLÓGICO: RESPOSTA BRASILEIRA
À ELITIZAÇÃO DA CLÍNICA PSICOLÓGICA

Desde o nascimento da clínica psicológica, Freud já se perguntava de que maneira o cuidado em saúde mental poderia ser democratizado. A psicoterapia nasce e se expande como um serviço prestado no território restrito do consultório particular, com acesso limitado às camadas média e alta da população. Ao longo da história da clínica psicológica, a questão da elitização da escuta foi problematizada. No Brasil, há uma corrente cada vez mais significativa que visa ampliar o campo da clínica, buscando práticas e novos conceitos que levem em consideração o contexto social (Lo Bianco *et al.*, 1994). Como as pessoas pobres e excluídas poderiam ter acesso a uma escuta qualificada do sofrimento e a um espaço de produção de novos processos de subjetivação? Direcionar a clínica psicológica para a comunidade mais ampla, a fim de lutar pelo direito à saúde mental em um mundo que produz cada vez mais desamparo e fragilidade, é uma questão ética e política premente.

A célebre frase de Moreno (2008, p. 41) se reveste de um valor ético que aponta para essa mesma inquietação: "Um procedimento verdadeiramente terapêutico não pode ter um objetivo menor do que o todo da humanidade". Moreno incitava as pessoas a estarem no mundo como potência de criação e não como meros autômatos, peças passivas de uma engrenagem social burocrática que mantém a ordem. Além disso, era vital que esse saber teórico-prático transformador tivesse caráter popular e democrático. Por isso, conforme mencionado no capítulo anterior, Moreno fez diversas experimentações com grupos marginalizados nas origens do psicodrama.

No nosso caso, como profissionais *psi* latino-americanos, somos instados a assumir nossa responsabilidade histórica perante as necessidades do povo e a situação estrutural de injustiça. Martín-Baró (1997, p. 18) argumenta que não é possível pensar em trabalhar com saúde mental no âmbito da América Latina "sem tentar contribuir para mudar todas as condições que mantêm as maiorias populares desumanizadas, alienando sua consciência e bloqueando o desenvolvimento de sua identidade histórica". De outra forma, as práticas *psi* se tornam adaptacionistas e apaziguadoras, buscando mudanças individuais que preservam a ordem social.

O plantão psicológico é uma resposta brasileira à necessidade de democratizar e popularizar o acesso da população ao cuidado em saúde mental. Trata-se de uma prática clínica da psicologia criada no Brasil no ano de 1969, no Serviço de Aconselhamento Psicológico (SAP) do Instituto de Psicologia da Universidade de São Paulo (IP/USP), com base nas pesquisas da professora Rachel

Léa Rosenberg e de sua equipe (Breschigliari e Jafelice, 2015; Furigo, 2006).

A abordagem centrada na pessoa, de Carl Rogers, e os princípios da perspectiva fenomenológico-existencial em psicologia foram os fundamentos teóricos adotados tanto com essas primeiras experimentações quanto em desenvolvimentos posteriores do plantão psicológico. A ideia motriz era ampliar a oferta de atendimentos psicológicos para a comunidade, atendimentos esses realizados por uma equipe de estudantes/estagiários supervisionados por professores. As plantonistas eram estimuladas a construir suas singularidades como futuras profissionais e a perceber as características e os fluxos da rede pública de cuidados.

Com a proposta de integrar a pesquisa e a aprendizagem dos estudantes, a equipe do SAP procurava investigar de que maneira as pessoas se apresentavam, como eram as queixas e demandas, os pedidos de ajuda e as possibilidades surgidas a partir do processo de escuta (Breschigliari e Jafelice, 2015). O processo provocado pela escuta atenta e acolhedora instaurava novos olhares para o sofrimento e a sondagem de recursos do usuário/cliente, além da possibilidade de encaminhamento para outros cuidados.

Nesse constante movimento das clínicas psicológicas, podemos caracterizar o plantão psicológico como um contraste com a psicoterapia, modalidade de atendimento mais conhecida e consagrada tanto da psicologia clínica como da psicologia em geral. Diferentemente da psicoterapia, em geral ofertada em consultórios particulares por profissionais liberais, o plantão psicológico é uma prática inserida em instituições como escolas, centros comunitários, clínicas-escolas de cursos de Psicologia, serviços de saúde e hospitais, entre outros. Outra diferenciação é que a psicoterapia tem caráter processual, enquanto o plantão psicológico opera na lógica da sessão única, por meio de um acolhimento pontual em relação a alguma necessidade que mobiliza o usuário/cliente no exato momento da procura (Breschigliari e Jafelice, 2015; Mahfoud, 2012). Mesmo que a ideia de sessão única seja uma referência, os usuários/clientes podem buscar novamente o serviço, se assim necessitarem ou desejarem. De maneira geral, a equipe de psicologia estabelece dias e horários determinados e ininterruptos, divulgados amplamente na instituição, nos quais os plantonistas permanecem de prontidão para atender os usuários/clientes sem necessidade de agendamento prévio (Mahfoud, 2012).

As noções de urgência e emergência balizam o trabalho do plantonista, que oferece ao usuário/cliente um espaço de escuta, de acolhimento da queixa, de ressignificação de experiências, de fornecimento de informações e possibilidades de encaminhamentos para outros cuidados envolvendo a rede do município (Scorsolini-Comin, 2015).

A busca do plantão psicológico pode se dar no exato momento de alguma vivência de angústia, de desamparo, de desorganização existencial, de crise, enfim — de um sofrimento que está intimidando e pressionando a pessoa. Entende-se crise como uma experiência ameaçadora de angústia em que a falta de sentido e a vulnerabilidade se apresentam. Há um transbordamento de afetos, no qual o sujeito se sente frágil e incapaz de organizar, integrar e imprimir uma narrativa com sentido na sua relação com o mundo.

O espaço dos plantões também é buscado para lidar com experiências menos mobilizadoras, pela curiosidade de conversar com um(a) psicólogo(a) ou para obter informações. Ao mesmo tempo que são desafiadoras, as crises ou mobilizações espontâneas potencializam os plantões como um espaço fértil de experiências e reflexões sobre a relação da pessoa com o mundo. Embora possa ser algo que ameaça e angustia, a urgência psicológica coloca o usuário/cliente em uma posição de prontidão para tentar dar sentido à experiência de sofrimento, em uma espécie de necessidade inadiável de obter escuta clínica. Os plantonistas não têm um acúmulo de saberes sobre o cliente — como acontece na psicoterapia —, necessitando lidar com as situações de crise e com os temas inesperados que emergem do encontro. A abertura à novidade e a mobilização diante das urgências psicológicas potencializam os plantões psicológicos como espaços de criação de novas percepções, de novas formas de estar no mundo.

Na literatura especializada sobre plantões psicológicos, apesar da diversidade de referenciais epistemológicos, há uma concepção desse tipo de atendimento como uma passagem que leva o usuário/cliente da queixa ou demanda inicial a reflexões e vivências sobre a experiência mais ampla (Breschigliari e Jafelice, 2015; Mahfoud, 2012; Perches e Cury, 2012; Scorsolini-Comin, 2015; Vieira, 2020). Ou seja, representa um encontro em que se busca um olhar aprofundado em relação à experiência da pessoa, em vez da mera resolução de problemas. O mal-estar diante da demanda inicial se reveste de importância, pois pressiona a pessoa a procurar a escuta clínica. Mas é preciso que os plantonistas façam um convite para uma exploração mais rica e profunda daquele mal-estar, que pode ser somente uma porta para um mergulho vivencial e reflexivo sobre a relação da pessoa com o mundo.

O encontro dos referenciais existenciais e sociais da equipe de plantonistas com os dos usuários/clientes cria uma convergência entre os saberes popular e acadêmico. A inserção institucional e comunitária que ocorre nas práticas de plantões psicológicos produz uma fronteira de encontro de mundos que, além de colaborar para ampliar a oferta de cuidados em saúde mental, contribui de maneira muito significativa para ampliar o olhar dos plantonistas sobre a realidade social. Breschigliari e Jafelice (2015) compreendem o plantão psicológico como prática clínica de fronteira, junção de modos diversos de viver, com respeito à autonomia e à legitimidade dos diversos arranjos existenciais possíveis. Bauman (2007) argumenta que todas as pessoas que não são consideradas "úteis" para a sociedade neoliberal são vistas como "lixo humano". Além de representarem uma massa de pessoas que não têm terra, trabalho e redes de proteção, são considerados indignos de pertencer a uma sociedade que enfatiza o desempenho e o consumo como referências para a obtenção de reconhecimento.

A perspectiva decolonial em pesquisa questiona a ênfase nos saberes europeus em detrimento do conhecimento produzido na América Latina (Ribeiro, 2023), propondo que se construa uma relação de compromisso com as necessidades das pessoas colonizadas e subalternizadas, na qual pesquisadores e sujeitos tragam contribuições recíprocas que abram espaço para novas formas de ver o mundo e de viver nele. Assim, a perspectiva decolonial abarca teorias e práticas que operam em favor da emancipação de grupos oprimidos pela sociedade neoliberal e colonial e questionam fortemente os modos de vida hegemônicos que se fundamentam no consumo, na competição e no individualismo, produzindo a segregação de grupos e a degradação do planeta (Ribeiro, 2023). Nessa perspectiva, o plantão psicológico seria uma prática clínica decolonial, pois não se pretende colonizar o outro, mas dialogar com ele, sustentar a diferença, nos entregar ao acaso de acontecimentos imprevisíveis e imprevistos, fazendo emergir outras percepções, outros mundos existenciais (Romagnoli, 2015).

A partir de 2014, diversos trabalhos coletivos de psicanalistas, tomados pela ideia da democratização da clínica psicológica, foram desenvolvidos em capitais de todo o país. Atualmente, temos um movimento nacional de profissionais que oferecem atendimento psicológico gratuito em ruas, praças, centros culturais ou centros comunitários. Assim como nos plantões psicológicos, o trabalho tem como referências a "escuta radical da sessão única" (Ab'Saber, 2021) e o questionamento sobre a elitização das clínicas psicológicas. Há também reflexões sobre os potenciais da escuta de uma única sessão.

O grupo de psicanalistas se reúne periodicamente para estudo e discussão dos casos atendidos. Algo diverso da clínica tradicional se instaura, pois as pessoas que desejam retornar não são atendidas por um analista fixo, mas por um grupo que se reveza. Há, ainda, uma forte contestação da sociedade e do Estado neoliberais e neofascistas em que as coletividades e os territórios que favorecem acessos livres são esvaziados e destruídos (Ab'Saber, 2021).

Como as sessões acontecem em ruas e praças ou em centros culturais ou comunitários, não há a mediação de uma instituição, como ocorre nos plantões psicológicos. Desse modo, ao prescindir de burocracias e controles sociais alheios ao espaço clínico, essas clínicas democráticas adquirem novas nuanças. A contestação ao neoliberalismo também se faz presente com a ausência da regulação desigual do dinheiro. Experiência inaugural no espaço das cidades e inédita para muitas pessoas, as clínicas públicas produzem uma "alegria civilizatória" na possibilidade de se escapar da clínica como mercadoria e na criação de novas subjetivações (Ab'Saber, 2021).

Tal escolha metodológica é coerente com os pressupostos filosóficos de Moreno (2008), principalmente com as noções de espontaneidade e criatividade. Os experimentos morenianos priorizaram a criação de novas ideias, novas formas de expressão, novas percepções a partir das interações espontâneas em grupo, fertilizadas por recursos do teatro. A espontaneidade era entendida por Moreno como um impulso vital que não é conservador, mas criador, e que emerge quando há uma presença que dispensa clichês e caminhos preestabelecidos, sem se apegar a antecedentes que determinam o presente — uma presença que se lança na situação e busca a novidade. O encontro com o inesperado, sem o conforto do conhecimento acumulado sobre o cliente, é uma marca dos plantões psicológicos. Com seus atos psicodramáticos de sessões únicas, Moreno já realizava escutas psicossociais e comunitárias com ideias muito semelhantes às dos plantões psicológicos e das clínicas democráticas de rua. Além disso, ressalte-se que essas modalidades clínicas contemporâneas favoreceram os devires espontâneos criadores, em virtude da entrega de clínicos e usuários em movimentos narrativos e interativos emergentes e inéditos. Trata-se de propostas clínico-políticas que fomentam a indeterminação e a liberdade.

No encontro entre pessoas de classes sociais diferentes que os plantões psicológicos e as clínicas públicas proporcionam, as dimensões políticas e sociais que constituem as subjetividades e relações se tornam evidentes (Romagnoli, 2015). O fechamento em uma clausura individual e familiar, ainda predominante nos meios *psi*, se revela insuficiente para contemplar a escuta das forças sociais que produzem sofrimento e processos de subjetivação (Hüning e Guareschi, 2005).

A própria noção de crise psicológica ou emergência, que é algo que singulariza os plantões psicológicos, traz, em suas manifestações, aspectos políticos e sociais. Em nossas práticas com essas modalidades, o sofrimento ético-político de ser tratado como inferior e inútil nas relações cotidianas foi apresentado recorrentemente no espaço clínico. As interações clínicas, nas quais essas demandas se manifestaram, serão apresentadas a seguir.

PLANTÃO PSICOLÓGICO FUNDAMENTADO NO PSICODRAMA: RELAÇÕES TÉLICAS NA MARGEM

Anteriormente, foram publicados dois artigos na *Revista Brasileira de Psicodrama* que objetivavam comunicar à comunidade psicodramática as nossas experimentações com plantões psicológicos em uma instituição de apoio, utilizando como base a epistemologia psicodramática. O artigo "Novas direções para o plantão psicológico: o psicodrama como referencial" foi publicado em 2019 e apresenta uma pesquisa/intervenção sobre as possibilidades de realizar plantões psicológicos fertilizados por conceitos e métodos do psicodrama (Vieira, 2019). Os resultados foram fruto de análises de 156 diários de campo produzidos entre 2015 e 2018. Um diário de campo foi produzido para cada atendimento. Foram utilizados métodos qualitativos de análise desses diários para a construção de categorias ou temas que representam os resultados da pesquisa. As categorias produzidas nessa pesquisa foram: 1) as técnicas de ação que potencializam a expressão; 2) a construção do campo intersubjetivo nos plantões.

Os métodos vivenciais do psicodrama foram utilizados como técnicas interativas para investigar o que ocorre no campo vivencial, permitindo que fossem explicitados sentidos antes ocultos. Por exemplo, o duplo e a inversão de papéis contribuíram para que o plantonista compreendesse melhor a perspectiva existencial do usuário/cliente. Nos plantões, que operam com base na premissa da sessão única, essa compreensão da subjetividade do cliente é de vital importância. Nas dramatizações de situações impactantes vividas pelos sujeitos, as plantonistas estimularam a recriação de papéis e a vivência de novas percepções.

O espaço de experimentação e de criação instaurado pelos métodos de ação psicodramáticos permitiu acolher com eficácia experiências de crise ou emergência psicológica. A expressão vivencial de emoções e significados do psicodrama contribuiu para a necessidade de dar continência ao estado de mobilização dos clientes, característica dessa modalidade de atendimento. Outro eixo que emergiu da pesquisa foi a tentativa de construir uma relação terapêutica baseada na tele (Moreno e Moreno, 1983).

Uma relação télica, na qual se enxerga a pessoa para além dos rótulos, ajudou as plantonistas a superarem os preconceitos classistas que classificam os pobres como inadequados, preguiçosos ou até mesmo perigosos.

O segundo artigo, denominado "Plantão psicológico no referencial do psicodrama: encontros com subjetividades desviantes", foi publicado em 2022 na *Revista Brasileira de Psicodrama* e integra a pesquisa/intervenção já mencionada, com a imersão do coordenador/professor e dos plantonistas na instituição de apoio e o espaço semanal de estudos e análises das práticas. Trata-se de um relato de pesquisa que se debruçou sobre os atendimentos de plantão psicológico realizados com usuários que apresentavam discursos delirantes e dispersos. Geralmente, esses usuários frequentavam a rede de apoio psicossocial (Raps) do município, onde receberam diagnósticos de esquizofrenia, transtorno bipolar ou depressão. O coletivo de pesquisa tinha como diretriz tentar entender a loucura não como doença, mas como uma forma de existência, como uma tentativa de organizar a própria experiência, de dar algum sentido a ela e elaborar vivências intensas (Vieira e Gonçalves, 2022).

A loucura é considerada uma experiência desviante dos padrões sociais dominantes, que desqualificam e desprezam o diferente como inadequado. Para esse artigo, foram analisados, com metodologia qualitativa, 59 diários de campo produzidos em 2015 e 2016. As categorias construídas foram: 1) o sofrimento diante de experiências desestabilizadoras; e 2) produções delirantes como modo de existência. Em relação à primeira categoria, foram narrados, no espaço clínico, acontecimentos de forte intensidade, como violências ou perdas abruptas, que trouxeram dificuldades de integração para os usuários. A falta de uma inserção sociométrica, acompanhada da experiência de solidão, gera dificuldades de organização subjetiva. Não se pode negligenciar o papel de apoio de uma rede sociométrica para a integração de experiências desestabilizadoras que as pessoas experimentam ao longo da vida.

Em relação à categoria "produções delirantes como modo de existência", o coletivo de pesquisa utilizou a técnica do duplo com a diretriz de Cukier (2016) de oferecer continência para as vivências dos usuários. A expressão de experiências intensas com possibilidades de organização e integração foi facilitada pelos métodos de ação do psicodrama. A possibilidade de construir um mundo auxiliar para o usuário/cliente por meio do uso do contexto dramático se inspirou no trabalho de Moreno com um homem chamado Karl que pensava ser Adolf Hitler (Moreno e Moreno, 1983).

A compreensão da experiência da loucura foi fundamentada nas ideias de Moreno (1975) de que o psicótico teria dificuldade de transitar de forma espontânea entre as experiências de fantasia e realidade. Outra importante contribuição moreniana foi a ideia de que os delírios e alucinações são produções criativas, tentativas do sujeito de dar sentido à sua relação com o mundo. Porém, diferentemente de um escritor de peça teatral — que consegue se separar de sua criação literária —, o psicótico cria enredos e personagens sem se diferenciar ou tomar distância do seu produto criativo (Moreno e Moreno, 2006). Finalmente, no relato dessa investigação, conclui-se sobre a necessidade de acolher as produções delirantes como formas de existência, além de apostar na recuperação das forças vitais e espontâneas como contraponto à visão social hegemônica que trata os pobres e loucos como inadequados e desviantes (Vieira e Gonçalves, 2022).

Nos capítulos seguintes, apresentaremos investigações inéditas envolvendo os plantões psicológicos fundamentados no psicodrama. Nesse sentido, procuramos entender os aspectos subjetivos e relacionais presentes na exclusão a partir do referencial epistemológico do psicodrama. No cuidado oferecido, objetivamos investigar como o plantão psicológico psicodramático pode contribuir para instaurar um espaço dialógico na clínica psicológica com pessoas marginalizadas. Esse trabalho de cuidado continua a acontecer em equipe.

As investigações se basearam no exame minucioso de 237 diários de campo elaborados a partir de atendimentos psicológicos realizados de 2019 a 2022. Cada atendimento gerou um diário de campo com escrita de eventos importantes que aconteceram nas interações clínicas, bem como ressonâncias e reflexões do plantonista sobre os temas que emergiram. A maioria dos plantões psicológicos ocorreu nos anos de 2019 e 2022. A pandemia da covid-19 afetou a realização de atendimentos em 2020 e 2021, que ficaram mais restritos. Os(as) estudantes não participaram dos plantões nesses dois anos, pois as atividades presenciais estavam suspensas na universidade. Durante a pandemia, realizei atendimentos por telefone com alguns usuários. Em agosto de 2021, retornei presencialmente à instituição; a equipe de estudantes retornou em fevereiro de 2022.

Os diários de campo gerados foram analisados utilizando-se o método descritivo psicológico e fenomenológico de Giorgi (2012), já mencionado. As unidades de sentido construídas foram agrupadas em duas categorias que condensam os resultados da pesquisa sobre o plantão psicológico fundamentado no psicodrama com pessoas marginalizadas: 1) papel histórico de oprimido: trilhas do sofrimento; 2) sociatria clínica na margem: aberturas, criações e impasses nos plantões psicológicos. Para ilustrar nossos achados, apresentaremos depoimentos de plantonistas e usuários. Nos próximos capítulos, apresentaremos as pesquisas mais recentes, com dados ainda não publicados, sobre os plantões psicológicos psicodramáticos.

5. Plantão psicológico psicodramático: papel histórico de oprimido e suas trilhas de sofrimento

> *Aos esfarrapados do mundo e aos que nele se*
> *descobrem e, assim descobrindo-se, com eles*
> *sofrem, mas, sobretudo, com eles lutam.*
> Paulo Freire, *Pedagogia do oprimido*

INTRODUÇÃO

O mapeamento das experiências vividas de quem encarna o papel histórico de oprimido foi algo que emergiu da análise dos diários de campo. Os papéis históricos elaborados por Naffah Neto (1997) trazem uma importante ideia de inscrição histórica dos papéis sociais, pois estes são desempenhados e atuados em determinado tempo histórico — com suas relações de poder, a produção de subjetividades a serviço da manutenção de sistemas econômicos, os diversos assujeitamentos que produzem grupos com privilégios e grupos que sofrem opressões. Os papéis sociais concretizam, no nível microssociológico das relações interpessoais, as dinâmicas de poder entre os papéis históricos de opressor-oprimido ou dominador-dominado.

As marcas de se viver uma vida de escassez material, a solidão e o isolamento, as violências, humilhações e opressões sofridas parecem destinar as pessoas marginalizadas a um circuito de sofrimento do qual não encontram saída. O modo de vida neoliberal torna indecifráveis as origens do sofrimento produzi-do pela exclusão. Nas vivências cotidianas dos papéis sociais, as pessoas que ocupam posições periféricas são alvo de desprezo, exploração e abandono de parte da sociedade e do Estado, geran-do formas de existência impotentes, com poucas possibilidades de ser espontâneas e criativas. O fracasso existencial é mal com-preendido, decifrado de forma distorcida como algo ligado ao desempenho individual.

O neoliberalismo — que impregnou com a lógica empresarial todas as dimensões sociais e colonizou as subjetividades, — uti-liza a culpa como controle e autopunição para quem não atinge os ideais de produtividade, consumo e eficiência (Han, 2015). A sociedade culpa o excluído pela sua situação, sem entender as condições históricas e sociais que produzem a pobreza. O pró-prio excluído interpreta sua exclusão como uma falha pessoal, o que o encerra ainda mais em caminhos de sofrimento que esvaziam sua capacidade de ação criativa no mundo — enfim, sua espontaneidade.

MARCAS DE UMA VIDA DE ESCASSEZ

A vida marcada pela escassez gera insatisfação, raiva e tristeza. De acordo com o Departamento Intersindical de Estatística e Estudos Socioeconômicos (Dieese)[2], o salário mínimo ideal, em julho de 2022, era de R$ 6.388,55, enquanto o fixado pelo gover-no federal era de R$ 1.211,00. O salário mínimo ideal tem como base os preços dos produtos da cesta básica de alimentos e a renda necessária para que uma pessoa e sua família consigam cobrir despesas mensais como alimentação, moradia, saúde,

---

2. Disponível em: www.dieese.org.br. Acesso em 4 nov. 2024.

transporte, vestuário, lazer, previdência etc. Um dos usuários relatou que não estava conseguindo arrumar emprego e teve de passar a morar nas ruas, como aparece em sua fala mobilizada: "Eu não tenho nem um pó para passar um café, isso não é vida!" Alguns usuários que frequentam a casa de apoio relataram que muitas vezes não têm nada para cozinhar em casa, sendo a única refeição o almoço diário oferecido na instituição.

A dor psicológica da fome foi expressada por um usuário que já ficou seis dias sem ter o que comer: "Você tem sorte, a pior coisa dessa vida é não ter o que comer, é sentir a barriga ardendo de fome". Cometer algum ato ilícito parece ser uma reação à situação de injustiça: "Às vezes eu choro, porque parece que a única coisa que me resta é fazer coisa errada". Por falta de oportunidades de inserção profissional, um usuário se percebe preso na criminalidade como forma de estar no mundo:

> Passei por todo o sofrimento de estar preso, mudei de atitude e de vida para chegar aqui e cometer um crime? Não vou colocar a culpa em Deus nem em nada, mas eu fico pensando: como vou sobreviver sem roubar se eu não estou conseguindo viver honestamente? Desde que eu mudei de vida não tenho onde comer nem morar. Eu mudei, eu sou uma pessoa nova, mas não sei por quanto tempo mais vou conseguir ser uma boa pessoa.

A dor da exclusão é um sofrimento difícil de decifrar. Por vezes, os usuários narravam sua dor ao vivenciar situações de escassez e rejeições e não conseguiam dar um nome para essa dor. O oprimido fica sem voz e sem palavra, até mesmo para nomear sua situação no mundo. Um usuário relatou que se automutila como forma de lidar com a angústia da fome: "Eu me corto sempre que sinto fome e não tenho o que comer. A dor da fome não me deixa dormir, então, para conseguir dormir,

eu me corto, porque aí só sinto a dor do corte, não a da fome".
Vivências depressivas foram narradas como interligadas à falta
de dinheiro para satisfazer necessidades básicas, como comprar
comida e medicamentos.

A angústia de viver em condições precárias é uma experiência
maciça do sofrimento de estar excluído dos parâmetros de dignidade humana. Esse sofrimento intenso se instala na forma de
adoecimentos. A falta de sentido é vivida quando as condições
se tornam difíceis e o mundo parece estar inabitável e hostil.
Um usuário relatou que o preço do aluguel de sua casa teria
um reajuste, que suas condições de vida pioraram muito e ele
não consegue um bom emprego por estar velho. Ele diz que, se
tivesse uma arma em casa, se mataria. A morte parece ser uma
solução de exclusão definitiva. A visão da própria morte é uma
encenação da exclusão definitiva de um mundo que parece não
querer acolhê-lo e, ao mesmo tempo, uma salvação diante dos
tormentos da vida escassa.

Outro usuário relatou que estava sendo cobrado de forma
humilhante pela dona da casa para pagar o aluguel atrasado. Ele
disse que tinha pensamentos "ruins" e que estava pesquisando
formas menos dolorosas de morrer. Durante o plantão psicológico, ele indagava: "Qual o motivo para eu continuar vivo em cima
da terra, levando uma vida assim?" Por outro lado, em outros
momentos ele dizia que gostaria de ficar bem: "Preciso encontrar
a cura pra mim". O desejo da cura pode significar que o sujeito
se percebe como alguém doente, que se desviou individualmente
do caminho saudável, e também que ele tenta resistir, resgatar as
potências em meio a uma vida mortificada, lutar para encontrar
conexões com a vida.

Ao sujeito no papel de oprimido, vivendo condições de
escassez material e experiências de não ter o que comer, é negada a participação nas produções sociais materiais. O acesso

à moradia e à alimentação deveria ser amplo e universal, pois assegura proteção, produção e reprodução da vida. O oprimido experimenta o sofrimento ético-político de ser tratado com negligência pelo Estado e pela sociedade, de se perceber como alguém inútil e indigno de pertencer à comunidade (Sawaia, 2011). Na obra *Quem sobreviverá?*, Moreno (2008, p. 109) argumenta que "cada indivíduo interpreta a cultura através dos papéis desempenhados". Por meio do papel histórico de oprimido, pode-se inferir que a pessoa que está passando fome ou tem não lugar para morar interpreta o mundo como hostil e inabitável.

A angústia da exclusão vivida pelos oprimidos aponta para a negligência genocida e necropolítica da sociedade neoliberal, que deixa morrer grupos considerados um fardo social. Mbembe (2018) propõe a noção de necropolítica como a organização das instâncias de poder na sociedade que definem quem é descartável e quem é importante. Os grupos de descartáveis vivem condições que os colocam em "mundos de morte". Vive-se uma morte em vida. A mortificação é experimentada nas manifestações de deterioração subjetiva contidas nas vivências persecutórias, nas ideações suicidas e na automutilação como forma de suportar a angústia da fome.

Estar abandonado à própria sorte, sem suportes relacionais e materiais, gera a experiência de um desamparo ansioso. Uma das usuárias era uma jovem adulta que precisa trabalhar e estudar ao mesmo tempo, desprovida do privilégio classista de poder somente estudar. Para falar de suas vivências, utilizou frases como "Estou em uma corda bamba e não posso cair" e "Ninguém vai me ajudar. Se eu cair e, lá embaixo, não tiver nada, vou ficar caindo". O desamparo ansioso se reveste de uma vivência de pavor da exclusão. O cair indefinidamente seria, talvez, a possibilidade real de ser cada vez mais excluída para as margens da sociedade.

A margem aparece como um lugar de terror, sem chão e sem morada, sem possibilidades de ser.

Como vimos, o neoliberalismo direciona o olhar para o desempenho individual, destinando o lugar de "lixo humano" aos que não conseguem performar a produtividade e a eficiência (Han, 2015). Muitos usuários traziam uma visão individualista da pobreza, expressando um discurso internalizado do neoliberalismo sobre a própria situação de exclusão. O neoliberalismo triunfa ao avaliar tanto a si próprio quanto todas as instituições sociais utilizando parâmetros empresariais. Opera-se um trabalho de

> internalização de predisposições psicológicas visando à produção de um tipo de relação a si, aos outros e ao mundo guiada através da generalização de princípios empresariais de performance, de investimento, de rentabilidade, de posicionamento, para todos os meandros da vida. (Safatle, 2021, p. 26)

O contato com pessoas excluídas nos leva a conhecer concretamente os horrores do mundo da subcidadania brasileira. Essas pessoas estão expostas a um risco muito maior de ser exploradas. O trabalho análogo à escravidão foi vivido por alguns usuários. Um deles, que trabalha em fazendas, disse: "Eu vou trabalhar sem saber se vão me pagar ou não. Tenho que rezar para pagarem para eu não passar fome". Outro usuário explicou que trabalhou por um mês na fazenda de um pastor de uma igreja evangélica e que este não o pagou e ainda o ameaçou de morte quando foi cobrado. Outro relatou as condições degradantes de seu trabalho em uma fazenda, onde os trabalhadores dormiam num barraco feito de ripas de madeira, com baratas, ratos e escorpiões. Não havia camas, e o colchão era bem fininho. No almoço, só tinha arroz e, às vezes, feijão. Os trabalhadores precisavam caçar algum animal para comer carne.

Outras pessoas narraram que a exploração no trabalho parece ter gerado perda da relação de sentido com a vida. Um usuário contou que trabalhou por décadas em uma empresa de móveis e eletrodomésticos ajudando a carregar e descarregar caminhões. Recentemente, foi afastado por estar com diversos problemas de saúde em função de ter carregado mercadorias muito pesadas durante toda a sua vida laboral. Ele conta que a empresa tinha uma única loja quando ele começou a trabalhar nela e hoje há mais de trezentas lojas no estado. Parece encarnar a exploração capitalista: a empresa segue mais forte, enquanto os trabalhadores são explorados com baixos salários, ficando com o corpo exaurido e esgotado. Ele lamenta que não consegue fazer atividades básicas, como levantar os braços. A impotência do trabalhador produz um incômodo contraste com o progresso potente da empresa.

ISOLAMENTO SOCIOMÉTRICO: A EXCLUSÃO COMO PRODUTORA DE RUPTURAS RELACIONAIS

A exclusão social também se manifesta nas vivências de solidão. O isolamento sociométrico gera desproteção, anomia, sofrimento e a percepção da vida como algo sem rumo. Um dos usuários assim se manifestou: "Eu sinto solidão porque não tenho ninguém para conversar, por isso sempre saio. Porque não tenho ninguém para conversar, para ficar comigo. Ficar sozinho às vezes dá depressão!" A ação de transitar pela cidade sem rumo definido foi constantemente relatada no espaço clínico como algo ligado à falta de vínculos. A ruptura das relações familiares é comum entre os usuários.

A experiência de vínculos familiares rompidos de uma usuária com trajetória também se reflete em um significativo abandono de si mesma, manifestado em vivências de autodestruição.

Ela relata que seus familiares não querem sua presença e que já teve cinco filhos que foram colocados para adoção. A mulher se prostitui, faz sexo sem preservativo e gasta o dinheiro ganho com drogas como *crack* e álcool, até perder a consciência. Um plantonista reflete em seu diário de campo após atender essa usuária:

> Parece que ela quer nos comunicar que está sem rumo, indiferente às coisas, que não gosta de si mesma, que fica em situações ruins para ela, que não sabe se defender. Será que ela nos procura para sentir, nem que seja um pouco, que é importante, que é digna de ser vista e ouvida?

Laços familiares precários geram perda das forças vitais, como relata outro usuário que é constantemente hostilizado por pessoas da sua família: "Não sinto mais força, energia e poder. Apenas solidão, angústia e raiva". A anomia decorrente da desintegração familiar vivida na classe popular é fruto da assimilação de mensagens negativas diante da exclusão (Jodelet, 2011). Ou seja, os preconceitos recebidos cotidianamente nas inúmeras situações de exclusão produzem insegurança, inferioridade e desmoralização, reduzindo as possibilidades de trocas sociais. Somadas a isso, as condições duras de vida do ponto de vista afetivo e material geram uma dificuldade muito grande de inserção em alguma rede sociométrica. A desmoralização se instala como uma força de autorrealização e o oprimido se sente induzido a adotar atitudes que confirmam as expectativas negativas das pessoas.

OS SOFRIMENTOS DE SER VISTO COM DESPREZO

As trilhas do sofrimento da exclusão tomam rumos diversos. Ser visto com desprezo pode fazer que esse olhar desqualificador se volte para si mesmo, buscando algo de errado em si. Um usuário relatou que, quando foi a uma igreja evangélica, o pastor olhou para ele e perguntou quem tinha deixado ele entrar ali. Ao narrar essa cena, ele esfrega a mão no peito e diz que isso o deixou muito "ruim de tristeza". Ele interpelou o pastor e disse que queria ser recebido na igreja. O pastor respondeu: "O que você é?", como se estivesse se referindo a uma espécie diferente, não humana. O usuário disse que se sentiu "pior do que bicho" e que nessa hora pensou: "Será que eu sou tão vagabundo assim?", enquanto o pastor, de terno e gravata (na sua descrição), olhava com desprezo para ele. Ele ainda perguntou ao pastor: "O que você tem contra mim? É a minha cor? O que é?", mas o "religioso" continuou pedindo para que ele saísse da igreja. Ele concluiu seu relato com a pergunta: "Será que minha vida é estragada desse jeito?"

As experiências de racismo foram narradas no espaço clínico como vivências angustiantes e traumáticas. Para um dos usuários, um jovem de 16 anos, o racismo representa uma barreira de acesso à educação. Ele disse que tinha vontade de voltar a estudar, mas que tinha medo de ser malvisto na escola por ser negro. Outro usuário apontou que não se sente livre para transitar no espaço público:

> Eu só vejo gente da minha cor apanhando da polícia, nunca é branco, só preto. Esses dias eu estava andando na rua e um carro de polícia me parou. Falaram que ligaram para a polícia porque tinha um rapaz estranho andando pelas ruas. Eu não posso nem andar na rua mais? Nessa hora, eu olhei para minha cor, olhei aqueles policiais todos brancos e pensei: "Será que se eu fosse da cor deles eu poderia andar tranquilamente na rua?"

Esse usuário relata que sente muita raiva, parecendo viver um acúmulo de revolta por situações repetidas de racismo. Ele conta que frequentemente, quando está andando na rua, percebe que as pessoas alteram o caminho quando o veem. Elas cochicham sobre ele e fazem comentários maldosos sobre as roupas que usa e sobre o seu cabelo, que agora está platinado. Ele percebe a relação de poder que produz uma hierarquia social, uma tensão entre dominação/privilégios e opressão/subordinação/desvantagem. Sobre a violência policial contra pessoas negras, o rapaz comenta: "Quando é branco e *playboy* eles ajudam, mas quando pegam um preto favelado fazem toda essa covardia." Ele relata outro episódio em que andava pelo centro da cidade com um amigo e ouviu um comerciante comentar que eles iam assaltar as lojas. Nesse momento, ele expressou a sua revolta: "Isso me fez ficar com muita raiva, me deu vontade de realmente assaltar ele. Eu só estava procurando uma camiseta para comprar!" O jovem parece querer justificar algo banal, que é andar pela cidade, como se precisasse explicar por que estava na rua. Ao mesmo tempo, sente uma força que o empurra para se tornar aquilo que a sociedade espera dele.

Kilomba (2019) classifica o racismo cotidiano como uma realidade traumática. Ele seria construído por três elementos: construção da diferença, hierarquia e poder. As pessoas que são alvo de racismo são vistas como diferentes, como uma alteridade estranha, pela sua filiação étnica/racial ou religiosa. Essa diferença é marcada por parâmetros hierárquicos que atribuem ao diferente características de inferioridade e de desonra. Por fim, o poder econômico, político, social e histórico atravessa o preconceito e determina o acesso a bens e recursos valorizados pela sociedade.

A mesma autora argumenta que as forças sociais e históricas podem constituir experiências traumáticas nos sujeitos, fato muitas vezes negligenciado nas teorias psicológicas. Desempenhar um roteiro escrito pelo outro gera despersonalização, além da perda de laços sociais e do senso de pertencimento à comunidade.

Como vimos, a exclusão social traz maior chance de exposição a violências, opressões e humilhações. No espaço clínico, foram narradas tentativas de suicídio correlacionadas com situações de humilhação, rejeição e abandono familiar. Para Fanon (2008), a desvalorização afetiva vivida nas relações conduz o sujeito a não se sentir digno de amor — um sentimento de exclusão muito doloroso, de não pertencer a nenhum lugar. Ser visto com desprezo retira as forças de vida. Um usuário parece já esperar ser tratado com repulsa pelas pessoas. No pátio da instituição, ele tentou cumprimentar uma mulher que chegava. Ela disse, de forma ríspida, que não o conhecia, e ele se dirigiu para nós com um misto de triunfo por ter sua percepção confirmada e tristeza por mais um mau encontro: "Tá vendo? A gente sempre é tratado mal assim!"

A visão de si mesmo apareceu como colonizada pelo olhar do outro, das pessoas incluídas, por quem não está vivendo a exclusão. Uma usuária percebe a si mesma e as outras pessoas que frequentam a casa de apoio como sujas. A díade limpeza/sujeira ou pureza/impureza classifica os seres humanos como dignos ou indignos. Um usuário disse que se sentia inferior e com vergonha pela sua baixa escolaridade. Na tentativa de encontrar sentido e explicações para a vida de escassez, outro comentou que talvez tivesse problemas psicológicos. Ponderava que lhe faltariam algumas faculdades mentais ou atitudes que o impedem de ter uma melhor condição de vida. Outro, ainda, credita a própria exclusão a questões de natureza espiritual. Ele sente que há entidades espirituais que bloqueiam suas chances de sair de uma vida de miséria.

Percebemos que os encontros das pessoas excluídas com pessoas de outras classes sociais produzem um campo de intersubjetividade desértica, em que há escassez de possibilidades de cocriação, ausência de tele — um campo relacional que produz tristeza, impotência e circuitos de repetição autodestrutivos. A partir da intersubjetividade desértica, constitui-se uma matriz de identidade histórica que fornece aos excluídos representações de si ligadas à desqualificação ou à inutilidade, produzindo desenraizamento, não pertencimento.

A dor de ser invisível instaura uma vivência de não pertencimento no mundo, como relatou um usuário por meio de uma metáfora: "Visualiza comigo, você é um passageiro que precisa pegar um trem, mas você não tem dinheiro. Então, eles apenas continuam passando sem parar, de um lado para o outro. Mas o trem tem pessoas, certo? Está cheio de pessoas, mas elas não te veem". A falta de perspectiva de futuro é uma constante. Outro usuário disse que não sabia o que fazer da vida, expressando também preocupação por ter de dormir na rua novamente.

A sociometria é uma proposta de Moreno (2008) para investigar as correntes afetivas e ideológicas que circulam nas redes psicológicas e a pressão que os grupos sociais exercem sobre os indivíduos. Ele demonstrou que as forças afetivas que circulam nas relações interpessoais e entre grupos sociais são de atração, repulsa ou indiferença. Na díade atração e repulsa, essas forças podem ter derivados como o medo, a raiva e a simpatia. Ao estudar as forças que circulam nos pequenos grupos, Moreno pretendia que o próximo passo da pesquisa sociométrica fosse compreender a relação entre grandes grupos, a fim de estudar o efeito de algumas partes da estrutura social sobre outras.

O pai do psicodrama observou que as ideologias e os afetos percorrem trilhas nas redes psicológicas, produzindo efeitos que alcançam longas distâncias no tecido social: "As atrações e repulsões, ou seus derivativos, podem ter um efeito próximo ou distante, não somente sobre os participantes imediatos das relações, mas também sobre todas as outras partes daquela unidade que chamamos de humanidade" (Moreno, 2008, p. 41).

Ele pretendia compreender a sociedade por meio de seus aspectos microssociais. As redes psicológicas seriam a conexão de inúmeros feixes ou partes de átomos sociais — são estes que representam a menor unidade social, e não o indivíduo. Vejamos a definição dada por Moreno (2020, p. 87): "O átomo social envolve um indivíduo e também as pessoas (próximas ou distantes) com as quais está emocionalmente relacionado no momento. É como uma aura de atrações e rejeições, irradiando dela e vindo em sua direção".

O átomo social seria uma unidade microssociológica que envolve um indivíduo e pessoas conectadas a ele, além de correntes dinâmicas de afetos que lhe perpassam. Na visão moreniana, as redes psicológicas formariam uma comunidade, e a sociedade humana seria a reunião de várias delas. Na visualização das redes psicológicas, o indivíduo não é um terminal, mas uma passagem: "Consciente ou inconscientemente, o indivíduo é o ponto onde passam importantes valores e aspirações coletivas" (Moreno, 2008, p. 368). O reino privado do indivíduo seria uma ilusão, pois as forças coletivas da sociedade produzem tensões e efeitos nas subjetividades.

O indivíduo como passagem que recebe as pressões sociais é visto como um agente espontâneo, capaz de ter reações criativas nessa interseção entre o individual e o coletivo. Quais seriam os afetos, as ideologias, as pressões sociais que percorrem as redes psicológicas e perpassam os indivíduos? Através da sociometria, Moreno pretendia realizar uma fenomenologia dos processos coletivos partindo de suas observações, sem recorrer a outros pressupostos teóricos. No entanto, permaneceu na obra moreniana uma importante lacuna, derivada da falta de mapeamento das estruturas históricas. Mesmo rompendo com visões individualistas, entendendo a coletividade e a presença da sociedade nas subjetividades, Moreno não articulou os sofrimentos subjetivos com forças estruturais e históricas da sociedade, como aponta Naffah Neto (1997, p. 149):

> Não havia Moreno se proposto a descrever a realidade social partindo de seu interior e da experiência vivida pelos sujeitos? As referências a estas forças (econômicas, políticas e ideológicas) não deveriam surgir dos próprios sujeitos implicados no processo? Eles que as vivem como poderes estranhos enraizados em sua própria existência coletiva, eles que sentem na própria pele o peso impositivo de suas instituições? E eles que, em última instância, são os únicos capazes de desenterrá-las dos próprios alicerces de sua existência e de decifrar seu sentido como verdadeiros arqueólogos da vida coletiva?

A partir das ideias de Naffah Neto (1997), percebemos que os afetos e ideologias que percorrem as redes psicológicas, passando pelos indivíduos, têm uma inscrição histórica. O tempo histórico, com suas forças econômicas e políticas, conforma as existências que buscam se construir a partir dos limites e das possibilidades que essa inscrição histórica permite. Uma frase magnífica de Sartre (*apud* Mészáros, 2012, p. 11) condensa essa ideia: "Cada pessoa carrega dentro de si uma época, assim como cada onda do mar carrega em si todo o mar". Podemos pensar, com Sartre, que o nosso sofrimento tem que ver com as questões do tempo histórico em que estamos inseridos. A sociedade atual do capitalismo neoliberal nos pressiona para sermos sempre produtivos e otimizarmos nosso tempo. Ficamos focados em nosso desempenho e produzimos em nós uma aceleração que gera intensa ansiedade. Nos cobramos excessivamente, tentando ser sempre mais. O resultado é que nos vemos como insuficientes e incompetentes, sem lugar para descanso (Han, 2015).

A sociedade do desempenho produz a insatisfação consigo para os que encarnam tanto o papel histórico de opressor quanto o de oprimido. No caso do papel histórico de oprimido, outras forças sociais — tais como o racismo, o preconceito de classe, o patriarcado — se articulam para produzir um sentimento de inadequação e de não pertencimento.

Retomando a análise dos sofrimentos dos usuários narrados no espaço clínico dos plantões, as inúmeras mensagens de desprezo e de indiferença são afetos e ideologias que percorrem as redes psicológicas, impactando as pessoas que ocupam o papel histórico de oprimido por meio da vivência cotidiana de seus papéis sociais. Do ponto de vista da sociometria, os sistemas sociais são de atração-repulsa-neutralidade (Moreno, 2008). As mensagens de repulsa e de indiferença parecem produzir um isolamento sociométrico e, consequentemente, uma vivência de solidão, de não pertencimento à comunidade humana. As redes psicológicas são veículos de transmissão de mensagens provenientes dos sistemas de poder que negam cidadania plena a determinados grupos sociais — pessoas negras, mulheres, pobres, LGBTQIAP+ e povos indígenas, entre outros. O reconhecimento social que fornece autorrespeito, autoconfiança e autoestima é interditado.

Essas mensagens são produzidas pelo coinconsciente social brasileiro construído ao longo da história do país por meio das interações entre os papéis históricos de opressor e oprimido. Um pacto antipopular compõe o coinconsciente social brasileiro com ideias e afetos que desqualificam os grupos oprimidos. Os preconceitos escravocratas e classistas colonizam mentes e corações, formando elementos coinconscientes estáveis e transferenciais que moldam as interações cotidianas entre pessoas de classes sociais diferentes. Esses elementos coinconscientes são conservas coloniais (Vomero, 2023) que produzem mensagens transferenciais hostis, as quais circulam nas redes psicológicas até atingir as pessoas excluídas.

A ideia de conserva colonial é uma proposta de Vomero (2023) que articula o colonialismo com o conceito moreniano de conserva cultural. O poder das mensagens seria o de fornecer uma identidade de desvalor, um lugar para a pessoa excluída. Propomos a ideia de que essas desqualificações sociais seriam correntes sociométricas necropolíticas que percorrem as redes sociais e atingem as pessoas da margem, envenenando suas subjetividades, desvitalizando os corpos, produzindo mundos de morte. Percebemos, nos relatos dos usuários, mensagens como "Seu corpo é indesejável", "Não consideramos bom que você circule livremente na cidade", "Te vejo como perigoso", "Você não merece ter moradia e alimentação adequadas" — medos e desprezos que se manifestam em ódio e indiferença, transmitindo uma mensagem que condensa o não lugar ou o mundo de morte: "Você não merece ter condições dignas de vida".

INTERSECÇÕES ENTRE RAÇA, CLASSE E GÊNERO: SER MULHER POBRE É SINÔNIMO DE SOFRER

A interseccionalidade entre raça, classe e gênero refere-se aos entrelaçamentos dos sistemas de poder que produzem a desigualdade social (Collins e Bilge, 2020). Trata-se de um sistema produtor de exclusão social complexo. Em vez de abordar a desigualdade por lentes monofocais, considerando somente a questão de classe social, a interseccionalidade elucida como as diferentes formas de opressão se articulam para produzir tal desigualdade. As opressões de gênero, raça e classe não são cumulativas, mas se inter-relacionam, produzindo situações multidimensionais de exclusão (Kilomba, 2019). O olhar interseccional examina as conexões entre os sistemas de poder nas subjetividades e nas relações sociais (Collins e Bilge, 2020).

Nesse sentido, nos atendimentos realizados com mulheres na casa de apoio foi possível perceber o entrelaçamento entre as opressões de gênero e de classe. A vulnerabilidade parece ter adquirido tons dramáticos pela condição de ser mulher. Por exemplo, uma usuária contou que foi obrigada a se casar com 13 anos por causa de um toque no ombro de um homem. Sua mãe achou que aquilo era inapropriado e que ela não era mais "moça". Quando fez 20 anos, teve um filho e o seu companheiro a abandonou. Ela tentou morar novamente com a mãe, e esta lhe disse "É ruim ter uma mulher divorciada em casa. Isso pode influenciar as suas irmãs mais novas".

O que se percebe é que as famílias das classes populares têm acesso a cultos religiosos fundamentalistas, nos quais são reproduzidas visões extremamente rígidas de gênero. O papel de mulher é construído com base no binômio pureza/impureza, além das expectativas de desempenho de funções ligadas aos cuidados familiares, nos quais há pouquíssima liberdade para o desenvolvimento de uma vida autônoma. Nesse caso, a rigidez e a intolerância fizeram que as relações familiares da usuária fossem rompidas. Não poder contar com o apoio familiar produziu ainda mais vulnerabilidade. Muitas vezes, o poder religioso é utilizado para oprimir — igrejas que se anunciam como locais de solidariedade são espaços de opressão. Uma usuária relatou que a pastora de sua igreja a ofendeu publicamente durante um culto, dizendo que sua casa era bagunçada e que casa suja abrigava demônios.

No decorrer da nossa imersão na casa de apoio, constatamos que ser mulher pobre é sinônimo de sofrer violências. A violência psicológica e sexual no casamento foi relatada por uma usuária que permaneceu por 20 anos em uma união violenta no qual era forçada a ter relações sexuais com o companheiro. Depois de um tempo, ela disse que não queria mais sexo e o homem disse, com desprezo, que ela era "mole, chorona e uma geladeira", e que ela não precisaria sentir prazer em ter relações, uma vez que o "buraco já estava aberto". Certa vez, durante a relação sexual, ela gritou de dor, mas seu companheiro a mandou calar a boca. Sem conseguir decifrar essas violências a partir de uma visão mais coletiva de gênero, ela voltou o olhar para seu desempenho individual e dizia que não entendia o motivo da raiva dele, já que sempre fora uma mulher "econômica e esforçada". Tentava compreender sua situação como se não houvesse uma relação opressora de poder. A dominação da mulher pode ser feita por meio do estigma da loucura. Esse companheiro tentou uma aliança com sua filha, dizendo que ela estava louca e que era preciso interná-la. A mulher relatou, ainda, que já tentou suicídio por causa dessa relação violenta, como se somente a morte pudesse tirá-la dessa situação opressiva.

Uma usuária que mora nas ruas relatou o desprezo da família, vivido como uma energia mortífera: "Como minha família me trata é pior que a morte!" Contou que os parentes lhe dirigiam falas como: "Será que ela nunca vai morrer? Ela podia adoecer e morrer! Isso nem é gente!" Essas mensagens de ódio direcionadas a ela parecem ter-se infiltrado aos poucos, resultando em um abandono de si mesma. Ela relata situações nas quais gasta rapidamente todo o dinheiro ganho com prostituição comprando drogas. Diz que perde a consciência e chega a ter relações sexuais sem preservativo, além de sempre se envolver amorosamente com homens violentos que a agridem física e psicologicamente. Essas situações de autodestruição parecem representar o castigo supostamente merecido por se ver como uma pessoa desprezível, imagem produzida pelo espelho mostrado pela família e pela sociedade, afetos recebidos das correntes sociométricas necropolíticas. Em alguns atendimentos do plantão, ela nos faz perguntas do tipo "Você acha que sou bonita?" e

"Você acha feio morar na rua?" Parece que ela se sente feia por ser maltratada cotidianamente e por ser pobre. Ela também revela se sentir impura por viver nas ruas e se sentir sem rumo. O contraponto dessas experiências ocorre quando expressa o seu contentamento por ser bem tratada pelas assistentes sociais do Centro de Referência em Assistência Social (Cras) e por nossa equipe na casa de apoio. Ela ainda relata que a trajetória de rua dificulta a maternidade. Já teve cinco filhos, mas precisou colocá-los para adoção. Diz que seus filhos são muito bonitos e estão sendo bem cuidados, mas demonstra a existência de um vazio por não poder conviver com eles. Ficar nas ruas, para uma mulher, é uma vivência de extrema desproteção. Ela reflete sobre os estigmas associados a quem vive nas ruas: "Existem pessoas boas, mas muitas são ruins e têm preconceito. Acham que todas as pessoas em situação de rua roubam e matam".

Os aspectos instituídos do papel de mulher são conservas culturais relativas à falta de autonomia sobre o próprio corpo e um assujeitamento que objetifica as mulheres — interdições do exercício da liberdade no mundo, expectativas de desempenho ligadas aos cuidados domésticos, ter sua existência julgada pelos binômios pureza/impureza, beleza/feiura, loucura/normalidade, ser tratada como objeto sexual sem desejo.

Além da desigualdade social naturalizada, o patriarcado permanece enraizado no Brasil. Como foi possível perceber nos últimos anos, em que houve a ascensão do governo de extrema direita de Jair Bolsonaro, o país tem muitas características psicossociais que podem potencializar o aparecimento de propostas políticas fascistas. Um governo fascista não seria um desvio, mas operaria na normalidade da organização social e política do país. Além do desprezo por pessoas das camadas populares, temos ainda a permanência da família autoritária patriarcal como um aspecto valorizado pelo conservadorismo. A família heterossexual com dominação da mulher e dos filhos pelo patriarca seria o arranjo familiar ideal. A repressão sexual da mulher e a socialização das crianças para se submeterem à autoridade patriarcal por meio do medo criam uma célula de produção de subjetividade fascista que gera pessoas propensas a desejarem líderes políticos autoritários (Reich, 2001).

A propaganda fascista, atualmente utilizada por líderes de extrema direita no Brasil e no mundo, visa manipular grupos conservadores através do medo da diversidade social que poderia destruir a família autoritária patriarcal. Entre as classes populares, o conservadorismo é oferecido como uma forma de vida que impediria as pessoas pobres de serem vistas como bandidos ou prostitutas. Ou seja, a religiosidade fundamentalista oferece a elas a possibilidade de pertencer a um grupo que as reconheceria como dignas. Trata-se de uma gratificação simbólica e social que atenua a estigmatização de ser pobre em um país com marcas escravagistas e com ideologização neoliberal como o Brasil. No entanto, a inserção nesses grupos se dá através de processos de subjetivação conservadores e reacionários, com fortes elementos de manutenção da família autoritária patriarcal. Portanto, percebe-se a opressão experimentada pelas mulheres pobres que vivem em contextos nos quais o fundamentalismo religioso molda a visão de mundo das pessoas. O assujeitamento a que são submetidas é um obstáculo significativo para alcançarem cidadania. Como nos casos aqui relatados, as mulheres podem viver relações conjugais violentas, nas quais são apagadas e torturadas, ou têm seus laços familiares rompidos.

As perspectivas de uma vida emancipada se esvanecem diante das opressões interseccionais de classe, raça e gênero. Por meio da espontaneidade e da criatividade, tanto nas dramatizações como na vida cotidiana, é possível recriar nossos papéis sociais, desconstruindo suas formas conservadas provenientes da nossa inserção cultural (Gonçalves, Wolff e Almeida, 1988) As mulheres que vivem em contextos periféricos por vezes se veem encerradas em estruturas de poder patriarcais e racistas que dificultam a mobilidade, o exercício da liberdade, a força necessária para desconstruir os aspectos instituídos do papel conservador de mulher. A espontaneidade e a criatividade não acontecem no vácuo, elas florescem quando se pode contar com redes sociométricas de apoio e proteção. O átomo social no qual cada pessoa se situa pode trazer laços de solidariedade e amparo que tornam possível a presença ativa e atuante na realidade através de papéis sociais em constante recriação. A perspectiva interseccional revela que são necessárias mudanças estruturais e justiça social para que as pessoas tenham uma vida espontânea e criadora.

LABIRINTOS DA EXCLUSÃO: IMAGINÁRIO COLONIZADO E ESVAZIAMENTO DA ESPONTANEIDADE CRIADORA

A vivência da exclusão social parece produzir também uma exclusão subjetiva, uma certa cristalização em afetos reativos como ressentimento e ódio, adoecimento psicológico, perda de vínculo com o mundo, compulsões, visões colonizadas sobre si mesmo. A exclusão instala progressivamente a pessoa em um circuito mortífero de sofrimento e autodestruição.

Modos de vida permeados por vivências psicopatológicas foram relatados como correlacionados à exclusão social. Violências sofridas, abusos e abandonos vividos em relações significativas parecem ter tido função importante na produção de delírios e alucinações. O isolamento sociométrico que encerra a pessoa em uma vivência de solidão e ruptura comunitária também esteve presente em relatos delirantes. Acontecimentos difíceis que não foram integrados, como violências sofridas ou cometidas também transbordam as possibilidades de integração e se transformam em delírios e alucinações. Um usuário que está morando nas ruas disse que olhar para cima à noite e não ver um teto é muito sofrido. Ele conta que ouve vozes dizendo que ele precisa morrer. Como dorme debaixo de uma grande árvore em uma praça, a sensação de extrema desproteção fica latente em sua fala.

O desamparo e a escassez emergiram como vivências produtoras de ansiedades e medos. A sensação de estar sendo perseguido foi algo recorrentemente narrado. A vulnerabilidade social se manifesta em vulnerabilidade psicológica. A sensação de perseguição representaria uma impossibilidade de confiar nos outros e no mundo, além de falta de confiança em si mesmo, pois quando alguém se sente incapaz sente que está sendo ameaçado o tempo todo.

Alguns usuários com trajetória de rua relataram que ouviam vozes ameaçadoras, julgavam que havia pessoas querendo fazer mal a eles ou tinham a sensação de estar sendo perseguidos. Outro usuário que tem diagnóstico de esquizofrenia e frequenta o Centro de Atenção Psicossocial (Caps) do município relatou que tem uma visão muito perturbadora, na qual se vê pendurado em uma árvore, com uma corda no pescoço, enquanto vermes e larvas saem do seu corpo em decomposição. Ele relata que sua renda não é suficiente para pagar aluguel, remédios e alimentação e, em alguns dias, dorme com a barriga doendo de fome. Ele também imagina a si mesmo sendo atropelado por um caminhão e seu corpo se despedaçando, dando uma ideia de desintegração e desaparecimento por completo. Esse senhor também disse que já tentou suicídio algumas vezes. Pode-se pensar, aqui, na produção de papéis imaginários a partir do contexto de exclusão social. Os papéis imaginários estão ligados aos papéis sociais, sendo produzidos a partir de pressões e coações sociais. Os papéis sociais seriam as formas instituídas de ação interativa

A DISTOPIA COTIDIANA DOS OPRIMIDOS

conformadas e aprovadas pela sociedade em determinado tempo histórico — conservas culturais em torno do que interessa para a sociedade, cristalizadas em repertórios de ação (Merengué, 2009). Os poderes vigentes estabelecem e condicionam os jogos de papéis, codificam normas de relações entre pessoas e entre grupos sociais, produzindo assimetrias, relações de dominação, exclusões (Merengué, 2020).

O imaginário seria uma dimensão humana de expressão criativa de papéis a partir de vivências interditadas pela sociedade. No entanto, o que se percebe, nas pessoas marginalizadas, são papéis imaginários em que se é perseguido ou destruído, com corpos em decomposição ou muito vulneráveis, revelando não uma compensação criativa diante das limitações das conservas culturais, não uma busca de elaborações e de expressões a partir do que o contexto social não contemplou, mas uma invasão insuportável da realidade social violenta no imaginário. A violência e o desamparo vividos na realidade social são reencenados de forma intrusiva e angustiante. Vivências reiteradas de exclusão esvaziam o imaginário de suas possibilidades expressivas e criativas.

A percepção do mundo como hostil foi vivida como ideação suicida ou experiências persecutórias nos papéis imaginários. A orientação neoliberal seria a forma de organização social que esvazia o imaginário de seus poderes criativos, revelando-se como um péssimo arranjo para a questão da saúde mental. Existe uma relação entre presença do Estado e saúde mental. As políticas públicas de moradia, de emprego e renda, de educação e de acesso à saúde podem fornecer suportes que trazem segurança e amparo, possibilitando que o sujeito perceba o mundo como amistoso. A ausência de solidariedade proposta pelos ideais hiperindividualistas neoliberais representa a instalação progressiva da barbárie. A cena da própria morte presente nas escutas clínicas com pessoas marginalizadas parece representar a exclusão social, a realidade de ser expulso de um mundo do qual o sujeito não se sente parte.

Na impossibilidade de pensar a exclusão social como algo estrutural e coletivo, a culpa e o castigo são dirigidos para si próprio. Ou seja, o sujeito que fica negligenciado, nas margens, sente-se desprezível, com a morte como destino, preso no circuito desses sofrimentos. As pessoas humilhadas sofrem uma situação de abandono e negligência, além de receber as mensagens de que não são dignas de pertencer à comunidade humana de trocas (Gonçalves Filho, 1998).

Uma usuária que tem relações familiares rompidas e trajetória de rua expressa seu ressentimento e ódio por ser alvo recorrente de desprezo e violência. Certo dia, ela disse que estava sentindo muito ódio e nojo do ser humano. Em seguida, relatou que, enquanto andava na rua, um desconhecido a agredira, dando um soco em suas costas. Ela disse ao homem que não o conhecia, e ele respondeu que "não foi com a cara dela", por isso desferiu o soco.

Percebemos, nos relatos, que o ressentimento decorrente de situações de exclusão pode se transformar em ódio. Às vezes, é uma vida toda de exclusão. Um usuário narrou sua história dizendo que durante a infância sempre teve muitos problemas. Seu pai agredia a sua mãe. Esta o colocava para pedir dinheiro na rua e ele apanhava dela se não conseguisse. O plantonista lhe disse que ele parecia ter muita raiva guardada, e ele respondeu que, naquele momento, sentia muita vontade de "furar alguém para sair muito sangue".

Em outras interações clínicas, também foi possível perceber que as humilhações reiteradas acabam gerando reações violentas. O ressentimento seria uma resposta às violências, opressões e vivências de ambientes anômicos. Uma vida reativa tem pouco espaço para criação, para a construção de projetos e propostas de vida, pois é necessário sobreviver e reagir às hostilidades recebidas. A inserção em atividades criminosas parece estar relacionada ao abandono e ao desamparo vividos desde cedo. Alguns homens que foram muito oprimidos por questões de classe social e raça demonstraram que ocupam agora o lugar de opressor na relação com as mulheres. Nesses contextos embrutecidos, a masculinidade é construída a partir do exercício da violência. Ser homem é ser violento, é uma forma de reparar injustiças sofridas e de se defender de novas possíveis humilhações. Uma plantonista relatou em seu diário de campo: "Durante seu relato, ele fazia gestos de armas e barulho de tiros. Dizia que, se a situação pedir, ele usa sua arma. E ria enquanto contava do ferimento que provocou em um homem que o atacou".

A falta de perspectiva de inserção social e a vivência cotidiana do não lugar podem conduzir as pessoas ao uso problemático de álcool e outras drogas. Como a maioria dos nossos usuários é constituída por homens, foi possível perceber que o consumo de álcool é algo ensinado desde cedo. A escuta clínica foi um espaço buscado por muitos deles para tentar lidar com o alcoolismo e a dependência química. Na tentativa de decifrar essas compulsões, as rupturas relacionais com a rede familiar apareceram como a origem dessas vivências. Ao mesmo tempo, as compulsões deterioram as relações interpessoais dos sujeitos e bloqueiam a construção de novos vínculos, além de provocar perda de bens materiais e prejudicar a relação com o trabalho. O uso de álcool e outras drogas oferece um alívio temporário da dor da exclusão, produzindo ainda mais exclusão.

A vergonha diante da própria situação de exclusão tende a afastar ainda mais o sujeito de suas relações familiares, aprofundando seu isolamento sociométrico. Esse isolamento instaura um circuito de autodestruição e compulsões. Um usuário disse que consumir álcool o ajudava a lidar com as coisas da vida e que não havia muito futuro para ele. A encarnação do papel histórico de oprimido nos papéis sociais cotidianos é permeada pela exclusão provocada por rupturas familiares. Na perspectiva de outro usuário, essa exclusão pareceu estar associada ao uso problemático de álcool, conforme ele disse após refletir sobre as rejeições de seus familiares: "Neste momento, eu estou com vontade de sair daqui e ir lá para o bar encher a cara".

As violências sofridas deixam marcas no corpo e na subjetividade, experiências passadas que insistem em atormentar a vida atual. Um usuário que faz uso problemático de álcool relatou que achava sua história muito triste. Ele não tinha pai nem mãe, foi criado por sua família adotiva. O padrasto batia nele com um facão e a madrasta enrolava uma espora no punho para desferir golpes na cabeça dele. Certa vez, o padrasto o acertou com um balde no nariz. Ele mostrou às plantonistas seus machucados no braço, nas sobrancelhas e na própria cabeça. O ressentimento diante de exclusões e violências aparece como uma rigidez na insistência de lembranças de cenas em que a dignidade foi ferida. Nos espaços dos plantões psicológicos, o uso problemático de álcool e outras drogas emerge como um recurso para tentar pacificar angústias e enfrentar experiências difíceis.

No uso prolongado de álcool, as forças de vida se deterioram pouco a pouco. Um usuário disse: "Eu não me reconheço como pessoa". Ele afirma que não se sente mais forte, que às vezes não consegue fazer as coisas que fazia antes, como levantar-se para trabalhar. Outro relatou vivências paranoides ligadas à exclusão e ao uso de drogas. Contou que já tentaram matá-lo sete vezes e que se sentia perseguido por um aparelho, talvez parecido com um *drone*, que o seguia e o xingava. Também relatou que, quando está sob o efeito de drogas, o aparelho sabe que ele está mais vulnerável e as perseguições e os xingamentos se tornam mais intensos.

O uso abusivo de álcool também apareceu como um fator que levou a pessoa a estar nas ruas. Quando o indivíduo carece de recursos simbólicos para lidar com a raiva e a tristeza por ter sido maltratado, muitas vezes acaba recorrendo ao álcool para mitigar o sofrimento das humilhações acumuladas ao longo da vida. Consumir álcool foi retratado como uma maneira de lidar com a posição de invisibilidade. A falta de reconhecimento decorrente da invisibilidade é uma vivência insuportável.

Uma vida repleta de situações abusivas gera pensamentos suicidas. A percepção de si como alguém inútil e fracassado também esteve relacionada com esses pensamentos. O sentimento de ter vivido uma sucessão de fracassos traz consigo a perda de conexão com a vida. Um usuário que comparece regularmente aos plantões psicológicos relatou que seu espírito está cansado e não se liga mais a seu corpo. Ele disse que antes se sentia bem com o trabalho e com a cachaça, mas, atualmente, está com depressão. Quando a plantonista pergunta como é essa depressão, ele responde: "É a morte, um senhor de roupa preta que vem e volta, igual a um bruxo". Outro usuário procurou o plantão psicológico dizendo que gostaria de falar sobre suicídio. Dizia estar muito triste, sem forças e pedindo a Deus que o levasse. Contou que agora dorme nas ruas e anda sujo, mas antes teve muitos empregos. Sente que sua vida está muito "bagunçada". Outro, ainda, relatou que estava sentindo vontade de se jogar na frente de uma carreta em movimento para se matar. Disse que buscou emprego em vários lugares, sem sucesso, e que consegue exercer diversas funções, como servente de pedreiro e motorista de trator. Acredita que não o contratam por causa de sua aparência, por ser pobre e negro. Em outro momento, revela que fica feliz quando percebe que há outras pessoas sofrendo.

Como vimos, as vivências depressivas podem ser compreendidas como perda radical da espontaneidade, sendo caracterizadas pela ruptura da relação de interioridade e continuidade com o mundo e pelos entraves para atuar de forma ativa e criativa. Moreno (2008, p.46) considera a exclusão algo que vulnerabiliza: "Indivíduos e grupos são excluídos de sua ancoragem nos agregados sociais a que pertencem, dos recursos materiais de que necessitam, do amor e da reprodução, dos empregos e dos lares". No livro *Quem sobreviverá?*, ele pergunta que tipo de sociedade vai sobreviver, respondendo que seria aquela na qual não haveria marginalizados e todos pudessem ser agentes livres e criativos.

O proletariado sociométrico seria composto por pessoas negligenciadas, não reconhecidas e isoladas de redes sociais de amparo e fortalecimento (Moreno, 2020). Ao mesmo tempo que se percebe, em Moreno, uma preocupação com as pessoas excluídas, ele não considera as estruturas sociais que produzem a subcidadania, como o preconceito de classe, o patriarcado e o racismo. Como vimos, Moreno argumenta que a miséria sociométrica não depende da classe social nem do grupo étnico-racial de pertença. A sociedade seria um agrupamento de pessoas sem contexto social e passado nacional. Essa cegueira pode ter sido produzida pelo foco moreniano no átomo social, como ele explica: "Os indivíduos e suas inter-relações devem ser tratados como a estrutura nuclear de toda a situação social" (Moreno, 2008, p. 62). Este era um foco inicial dos estudos sociométricos, pois, em outros trechos de suas obras, Moreno utiliza o termo "o todo da humanidade", e afirma: "Se esse todo da humanidade é uma unidade, vão surgir tensões entre as diferentes partes, o que as levaria ora a se separarem, ora a se juntarem".

O próximo passo seria tentar analisar a sociedade de forma mais ampla e mapear as tensões entre as partes da humanidade. Na verdade, as tensões entre classes sociais e entre grupos étnicos seriam mais bem entendidas como opressões. Os papéis históricos de opressor e oprimido se manifestam nas relações entre papéis sociais na vida cotidiana, com cenas em que se nega de forma transferencial a humanidade das pessoas oprimidas.

Uma usuária relatou que estava conversando com alguém quando um homem passou e disse: "Não fale com essa doente". Ela se expressou de forma intensa, afirmando que estava com muita vontade de matar esse homem. Às vezes, a aniquilação do outro aparece nos discursos como a única forma de reparação diante de injustiças sofridas. Outro usuário revelou já ter matado pessoas no passado. Diz que usa drogas tão fortes que machucam sua boca e estragam seus dentes. A anomia gerada pela exclusão insere o sujeito em um circuito de destruição do outro e de si mesmo. O relato de abandono de si impactou uma plantonista, como pode ser observado em um trecho do diário de campo:

> Então eu perguntei a ela se ela sabia o que era amor-próprio. Ela parou, me olhou e, com os olhos cheios de água, me disse que nunca tinha ouvido falar sobre isso. Nesse momento, eu senti como se fosse um soco na boca do meu estômago; como as pessoas marginalizadas passam por tantas coisas, aceitam tudo que é imposto sem ao menos ter uma voz para se defender? Como se fossem apenas um objeto que está ali somente para satisfazer os que estão ao seu redor.

Entrar em contato com as dores do mundo, enxergar de perto as vivências das pessoas humilhadas, impacta a percepção das conformações injustas do Brasil e do mundo. Seria uma catarse de integração, em que uma nova realidade emerge, quebrando ilusões de um mundo supostamente ético e igualitário. Vivemos em um país que se vê como criativo, festivo, democrático. Seu lado sombrio é revelado quando se está em contato com pessoas que vivem opressões de classe, raça e gênero, contato esse em que não se tenta colonizar o outro, mas apostar na potência do encontro, sem planejar previamente seus desdobramentos.

Os relatos deste capítulo demonstram os efeitos mortíferos que as correntes sociométricas necropolíticas produzem em pessoas excluídas. O coinconsciente social brasileiro é formado por conteúdos transferenciais cristalizados e estáveis que compõem um imaginário no qual os indivíduos dos grupos populares são desqualificados e vistos como subcidadãos. Essas formações coinconscientes produzem ódio e repulsa, que percorrem as redes psicológicas e atingem esses grupos.

6. Sociatria clínica na margem: aberturas, criações e impasses nos plantões psicológicos

> *O homem é sim. Sim à vida. Sim ao amor. Sim à generosidade. Mas o homem também é não. Não ao desprezo do homem. Não à indignidade do homem. À exploração do homem. Ao assassinato daquilo que há de mais humano no homem: a liberdade.*
> Franz Fanon, *Pele negra, máscaras brancas*

INTRODUÇÃO

A equipe de trabalho sempre teve como diretriz a ruptura com práticas tradicionais do meio *psi* que utilizam uma noção de cura como normatização e correção das subjetividades (Hüning e Guareschi, 2005). O encontro com a miséria em diversos níveis — material, subjetiva, relacional — escancara que as condições precárias em que vivem muitas pessoas no Brasil são fruto de processos sociais, políticos e históricos. A desnaturalização da desigualdade é experimentada pela equipe de trabalho como uma desconstrução dolorosa, em que se é demandado a lidar com o destino de subcidadania dos grupos populares.

Os corpos, permeáveis ao encontro da equipe de trabalho, geram afetos e pensamentos inéditos e desestabilizadores. Nesse encontro entre pessoas de classes sociais diferentes, entre pessoas com privilégios e outras com diversas privações, os entraves à liberdade que o outro experimenta tornam os próprios privilégios algo a ser vivido de forma incômoda.

O incômodo por ter mais acesso do que outras pessoas — por ser reconhecido como útil para a sociedade, enquanto outros são vistos como fardos sociais — talvez seja uma experiência interessante. Um afeto no qual o coletivo de trabalho procurava não se enredar era o da impotência. Pelo contrário, apostava-se na potência de vida que aparece nas expressões dos excluídos.

RELAÇÕES BASEADAS NA TELE: SINTONIA QUE PRODUZ ABERTURAS E CRIA CAMINHOS

A partir da escuta do sofrimento, tendo em vista as contradições sociais e seus efeitos nas subjetividades, bem como a percepção de que as histórias individuais sintetizam singularmente o nosso tempo histórico, foi possível experimentar momentos de abertura dos usuários e plantonistas, bons encontros integradores, sintonia télica que produz criações e liberdade. O espaço de escuta, com uma presença horizontal e de qualidade, trouxe alívio, liberdade e força, instaurando a possibilidade de algum resgate de sentido para a vida, pelo menos no momento das interações entre usuários e a equipe de pesquisa. Em relação à experiência de alívio por compartilhar o próprio sofrimento e ser acolhido com uma escuta atenta, temos alguns exemplos de relatos: "Para você ver como isso alivia, eu acho que é a primeira vez que consigo sorrir em semanas, é como se eu tivesse desatado o nó que tinha na minha garganta"; "A conversa foi tão boa que parece que tiraram um saco de cimento do meu peito". Esse usuário disse que voltaria novamente aos plantões, pois "vocês fazem mágica nos sentimentos ruins".

A DISTOPIA COTIDIANA DOS OPRIMIDOS

Outro usuário também relatou, ao final de um atendimento: "Viu só? No começo estava tudo entalado para dizer. Você viu que eu até chorei, agora eu me sinto mais leve. Faz bem conversar com alguém, aliviar..." Uma relação dialógica e télica possibilita experiências catárticas: "Olha como conversar com você me fez bem, estou sorrindo. Faz muito tempo que eu não sei o que é sorrir!" Por vezes, ocorreu uma certa idealização do papel dos(as) plantonistas, como pode ser observado neste relato: "Vocês chegaram parecendo duas almas de Deus para me ajudar".

Outra pessoa expressou gratidão por ter sido ouvida em um espaço dialógico humanizador: "Quando perguntei como ele se sentiu em ter conversado comigo, ele disse que era como se estivesse conversando com um anjo, o que fez muito bem a ele". Essas podem ser formas encontradas para expressar, por meio de referenciais religiosos, o que o usuário anterior chamou de "mágica". Ou seja, uma relação em que a tele está presente, em que não se impõe algo ao outro e que se fundamenta na realidade imediata das pessoas tem um poder transformador. Outro usuário utiliza a referência da beleza para expressar o que ocorreu em uma escuta humanizadora: "A sua beleza, o seu jeito de me tratar e o seu jeito de falar me deram força hoje". Bons encontros produzem vida, quebram barreiras, unem corpos. Um plantonista reflete sobre um encontro fértil com um usuário:

O seu O. estava sujo. Em uma das charadas que fez, ele tinha que segurar minhas mãos para contar os dedos. Depois fiz com ele também, segurando suas mãos. Sinto essa aproximação como um bom encontro. Estamos tendo muitos maus encontros ultimamente. Pessoas com ódio, que só pensam em dinheiro. Um bom encontro pode ser uma meta muito boa para o nosso projeto, seja no atendimento ou no pátio, interagindo. Um bom encontro produz vida, abertura, humanização, alegria e esperança pra nós e pra eles.

O estabelecimento de um vínculo baseado na tele produziu uma sintonia e uma conexão que abriram caminho para o contato com a realidade imediata do usuário/cliente. Uma plantonista tentou relatar, em seu diário de campo, que esse tipo de encontro tem uma intensidade que é difícil expressar com palavras:

> Durante toda a sessão, senti uma conexão muito forte com K. Era como se estivéssemos ligadas ali, naquele momento. Creio que muito disso vem de uma identificação interna com seu sofrimento e seu modo de agir. Bem no começo da sessão, K. começou olhando para o chão, mas, depois da primeira vez em que levantou o rosto, continuou olhando dentro dos meus olhos pelo resto da sessão, e senti que naquele momento tínhamos conseguido criar uma confiança de ambas as partes. Não sei muito bem expressar em palavras, mas, conforme ela falava e pelo modo como ela me olhava, senti que havia muita coisa guardada e que ela gritava internamente para conseguir se libertar disso.

A aproximação com pessoas excluídas rompe os muros dos preconceitos classistas que desumanizam as pessoas pobres, possibilitando que surjam identificações entre pessoas de classes sociais e mundos diferentes. O corpo dos plantonistas parece ampliar a sensibilidade para entrar em contato com a experiência humana do outro, que traz espelhamentos em que se insinuam semelhanças insuspeitas de antemão. A tele seria uma sensibilidade que permite uma compreensão recíproca, uma convergência de estados espontâneos das pessoas envolvidas, criatividade coletiva (Aguiar, 1990). Em algumas interações entre o coletivo de pesquisa e os usuários, parece ocorrer uma abertura para a realidade presente no vínculo, em que o acesso ao outro se faz de forma fluida. Preconceitos são conteúdos ideológicos, conservas culturais que se dissolvem com a revelação da realidade humana do outro. A equipe de pesquisa teve a oportunidade de se diferenciar do coinconsciente social brasileiro, de recusar as subjetividades que colocam os grupos populares como subcidadãos.

O encurtamento da distância em relação ao outro amplia a sensibilidade do plantonista para atravessar o muro e tentar perceber e sentir como seria uma vida com privações:

> Até esse atendimento, o inverno era a minha estação do ano favorita. Depois desse atendimento, percebi o quão sofrido é para uma pessoa dormir no frio. Não que eu não soubesse que o frio castigasse muitas pessoas, mas parece que eu havia me esquecido disso. Nesse atendimento eu me senti realmente em contato com o ser humano. Não sei explicar. Havia ali alguma coisa que, de certa forma, tornava o atendimento mágico. Eu sempre tive questionamentos a respeito do amor, amor do ser humano para com outro ser humano. Mas, depois desse atendimento, esses questionamentos se intensificaram. Foi uma experiência transformadora.

Os plantonistas sentem-se convidados a experimentar o amor no sentido mais amplo, a sair de si mesmos, a não mais medir a vida somente pelos próprios referenciais e a sentir-se afetados por pessoas que talvez antes fossem alvo de sua indiferença. A interação com pessoas oprimidas colocou as plantonistas em um movimento de proximidade e afastamento. Elas entraram em contato com as próprias situações de opressão, em um movimento de identificação com os usuários. As forças sociais que desumanizam os indivíduos parecem atingir plantonistas e usuários, como se percebe neste trecho de diário de campo: "Apesar de seus relatos de violência, que podem ser reais ou não, senti que era alguém que só necessitava saber que ainda existe um pouco de humanidade em si e me vi nessa ideia, pois é algo [de] que também preciso me convencer todos os dias".

Ao mesmo tempo, em alguns momentos ficaram nítidas as diferenças de mundo dos usuários, tendo em vista seu lugares sociais de vulnerabilidade, ausência de privilégios e falta de suporte. A solidariedade que se instaura parece produzir uma "mágica", talvez pela leveza que emerge ao se contestar de forma não planejada o encapsulamento em si mesmo e a competição predatória estimulados pelo ideário neoliberal. Um usuário tenta expressar e entender a ligação criada com a nossa equipe:

> Ele disse que queria meu telefone e quis me dar o dele. Que gosta muito de mim, gosta muito de conversar comigo, mas não sabe por quê. Se pergunta: será que somos amigos? Ele chora muito quando fala que gosta de conversar comigo e eu também fico tocado com aquilo. Foi porque dei atenção e importância para ele, porque talvez ninguém o escute. Foi uma conversa bem tocante pra mim, saber que fazemos alguma diferença para eles é algo que me confortou muito.

Mbembe (2017) tece considerações sobre uma política da inimizade em escala planetária, que seria uma forma de reencenação contemporânea do colonialismo. Predominam mais forças de divisão, de separação e de isolamento que de vínculo: "A ordem política reconstituiu-se como forma de organização para a morte" (Mbembe, 2017, p. 10). O princípio da guerra não está somente no âmbito das guerras propriamente ditas, mas na política, na cultura e nas relações interpessoais. O deserto contemporâneo é formado por pessoas sem laços, "um estado de exceção em escala mundial", uma distopia que coloca no plano da impossibilidade ver o outro como semelhante (Mbembe, 2017, p. 11). A diminuição da distância em relação ao outro, através de uma relação télica, vai encontrando caminhos interditados. Uma alegria democrática emerge quando se conseguem bons encontros télicos, fazendo um contraponto solidário à guerra como política. Um processo de catarse de integração, proporcionado pela tele como encontro cocriativo, revela transformações em que se colhem novos olhares para a realidade (Aguiar, 1990; Malaquias 2020).

A vulnerabilidade de viver à margem e sofrer maus-tratos, violências, negligências e desamparos faz da relação com o outro um espaço da inimizade, deserto hostil que desumaniza paulatinamente o oprimido. Percebemos, no espaço clínico, tentativas de resgatar a própria humanidade em meio a relações embrutecidas, como se percebe neste relato de uma plantonista:

> Então ele me perguntou se uma pessoa como ele poderia ter amor no coração. Disse que eu deveria responder olhando em seus olhos. Eu me inclinei e disse que eu tenho certeza de que ele é capaz de sentir amor. Seus olhos se encheram d'água, e eu disse que a vida tinha sido muito violenta com ele, que ele foi muito agredido e acabou agredindo as pessoas. Ele me disse que sentia uma vontade muito grande de machucar as pessoas.

Formas instituídas de viver são questionadas a partir do vínculo télico, dando espaço para que algo instituinte, espontâneo e criativo nasça. Se o embrutecimento se deu em relações através da inserção coletiva do sujeito, novos olhares sobre si e o mundo também são proporcionados pela força do vínculo. Moreno (2008) concebe cada pessoa como um ponto de passagem que é atravessado por valores coletivos, com possibilidades espontâneas de se tornar consciente e criativo diante das forças sociais. A pessoa marginalizada está inserida em redes psicológicas em que circulam afetos e ideologias de desprezo e desconsideração — correntes sociométricas necropolíticas — dirigidos ao seu lugar social. Quando ela se conecta em uma relação de cuidado, forças criativas se insinuam, gestando a possibilidade de questionar o espelho desqualificador através do qual a sociedade insiste em mostrar sua imagem.

A construção de novas formas de se relacionar com o mundo cria percepções diante do ódio e do ressentimento. A possibilidade de recriar uma relação de sentido com a vida emergiu nos plantões psicológicos, novas trilhas existenciais transformadoras na forma de se relacionar consigo mesmo e com os outros, como reflete esta plantonista:

> Perto do final do atendimento, ela me surpreendeu, sorrindo e falando dos seus planos para o futuro. Essa mudança foi tão genuína que saí do atendimento feliz por conhecer a senhora A. e a sua história, que será reescrita. Ela sorriu e afirmou que a primeira coisa que faria quando chegasse em casa seria falar para a sua outra filha que estava bem e não era louca, que essa era a melhor coisa que poderia ouvir. Perceber que agora ela estaria disponível para amar e cuidar de si mesma pela primeira vez na vida foi algo incrível!

As compulsões em relação ao álcool e outras drogas foram vivências importantes narradas no espaço clínico. Neste trecho de diário de campo, a plantonista percebe um movimento de criação do usuário, mesmo em meio ao uso problemático da substância: "Percebi no relato da sua história a característica de movimento, de nunca deixar de continuar, sempre procurando formas de prosseguir, o que nos deixou bastante contentes". Quando apareceram sintomas considerados psicopatológicos, as plantonistas ajudaram a ampliar as reflexões sobre o sentido dessas vivências, buscando romper com um viés patologizante. Perceber o sentido dessas vivências a partir da história de vida parece trazer mais autonomia e humanização. Nesse sentido, um usuário que retornou ao plantão psicológico apresentou discursos diferentes dos anteriores, que tinham alto teor persecutório. Foi possível perceber, no espaço clínico, a expressão de potências em pessoas com significativo sofrimento mental. A vida como potência de criação emergiu nos plantões, demonstrando que, mesmo em terrenos rochosos e áridos, a vida insiste em criar.

No referencial do psicodrama, o plantão psicológico engloba não somente os métodos de ação, mas a aposta no encontro télico, que encurta as distâncias, e na espontaneidade criadora, que inaugura novas relações com o mundo. Nesse contexto, os métodos de ação psicodramáticos contribuíram para aprofundar reflexões e expressões. As plantonistas relataram algumas cenas construídas em que se propôs aos usuários que eles expressassem seus sentimentos para pessoas que os humilharam. A raiva e a tristeza de humilhações acumuladas foram expressas de forma emocionada, gerando importantes catarses de integração.

Em alguns atendimentos, as plantonistas fizeram o papel do próprio usuário, sugerindo um encontro com ele mesmo, em uma conversa com seu duplo no espelho. Por exemplo, em um atendimento, a plantonista expressou, no papel de uma usuária, como era se sentir desvalorizada, um "lixo" perante as outras pessoas. A usuária ficou bastante emocionada e, no final, disse que mostraria para todo mundo que ela é gente. Em outro atendimento, um plantonista também propôs a vivência do duplo/espelho, expressando as profundas frustrações do usuário com rejeições e humilhações vividas. Vejamos a descrição do plantonista:

> Ao final, ele começou a chorar de forma muito emocionada, segurando o rosto com seu corpo inclinado. Eu me aproximei dele e coloquei a mão em seu joelho e disse que estava ali para apoiá-lo. Ele concluiu dizendo que a vida era muito difícil, que não via muito sentido e que estava sempre no automático.

As dramatizações foram recursos para aprofundar alguma experiência difícil no contexto dramático da realidade suplementar.

Um usuário que frequentava os plantões recorrentemente relatava situações de humilhação e o consequente uso problemático de álcool e drogas em todas as ocasiões em que se sentia inferior e humilhado. Em determinado atendimento, relatou um conflito com outro usuário da casa de apoio, que sempre o humilhava. Em situações como essa, o usuário tendia a reagir de forma agressiva. O conflito foi reconstituído na dramatização. O plantonista sugeriu uma inversão de papéis; desempenhando o papel do usuário e fazendo um duplo, disse: "Tenho muitas feridas por ter sido humilhado, ninguém pode fazer isso comigo, eu não vou aceitar mais isso. É muito sofrido me sentir pequeno quando alguém me humilha". O usuário voltou para o seu papel e o plantonista o incentivou a tentar uma resposta diferente, na qual ele ficasse mais satisfeito consigo mesmo. O plantonista desempenhou o papel do opressor com bastante intensidade e o usuário conseguiu reagir de forma serena, sem a reatividade habitual. Em um atendimento posterior, ele contou: "Eu estou conseguindo esquecer as humilhações do passado, agora penso no futuro. A responsabilidade pela minha vida é minha".

A luta por reconhecimento e visibilidade é uma força política que compareceu no espaço dialógico dos plantões. Os poderes disciplinam, prescrevem comportamentos, qualificam e desqualificam determinados papéis, em um jogo político que visa fixar e deter o movimento criador em hábitos repetitivos (Merengué, 2020). Ser ouvido, visto e reconhecido é um movimento de fissura em meio às forças hegemônicas dos jogos de papéis da sociedade, que busca produzir novos caminhos diante dos poderes instituídos. A necessidade de um espaço dialógico para compartilhar conhecimentos e percepções de mundo transformava os plantões psicológicos em espaços diferentes de um atendimento de saúde mental tradicional, no qual, predominantemente, se relatam sintomas e sofrimentos.

A equipe de pesquisa refletia sobre a importância de sustentar essas interações, pois a busca de reconhecimento pode ser um espaço de instauração de novos caminhos para quem quase sempre recebe olhares de desqualificação. Um dos usuários disse que queria ir ao plantão psicológico pelo seguinte motivo: "É que eu preciso ser visto". Souza (2021) argumenta que a estratificação social no Brasil em classes é uma forma significativa de opressão e assujeitamento que produz humilhação cotidianamente: "O sentimento cotidiano de ausência de dignidade e a sensação de não ser tratado como gente têm um papel central na compreensão da experiência subjetiva da humilhação social entre os marginalizados e excluídos no Brasil" (p. 53). O autor argumenta que o racismo e o preconceito de classe são formas de animalizar certos grupos sociais e, portanto, torná-los inferiores e indignos. Para Souza, o desprezo aos marginalizados seria uma articulação entre o racismo de classe e o racismo étnico.

Nesse sentido, a busca de reconhecimento no espaço clínico dos plantões representou uma resistência ao assujeitamento que tenta desumanizar as pessoas excluídas, mostrando suas belezas, nuanças, complexidades, sonhos para si mesmas e para um outro que testemunha. Além disso, compartilhar as habilidades como trabalhador atualiza a oposição moral, existente nos grupos populares, entre o pobre honesto e o pobre delinquente. O delinquente seria o bandido, no caso dos homens, ou a prostituta, no caso das mulheres (Souza, 2021). Para se distinguir e sentir alguma dignidade mesmo nas margens, é importante se ver e se apresentar como uma pessoa honesta e trabalhadora. O trabalho também foi descrito como algo que contribui para fortalecer a relação do sujeito com o mundo.

A escuta qualificada pela presença ativa das plantonistas parece ter funcionado como um olhar de reconhecimento que ajuda na integração dos usuários. Por exemplo, um deles disse que gostava de estar com as plantonistas que estudam psicologia porque sentia que nós olhamos para ele de forma diferente e que somente isso já o ajudava a "firmar as ideias". Ele relatou que gostava de falar conosco e ser visto, que se sentia feliz e ficava sem pensamentos ruins durante pelo menos 15 dias. Esse senhor, que é usuário do Caps, disse que sentia que nem precisava falar muito, que ser visto por quem estuda e entende o que ele está passando o ajudava da mesma forma que os remédios psicotrópicos que tomava. Ele pareceu se sentir beneficiado por estar em contato com o conhecimento produzido na universidade, às vezes expressando que é muito bom conversar com alguém que é formado. Esse tipo de *feedback* instaura uma relação de sentido entre a equipe de plantonistas, que se percebe realizando uma função social da universidade: a de se aproximar da comunidade, procurando lidar com problemas reais brasileiros, como a desigualdade.

Os plantões psicológicos foram buscados como espaço de humanização, como uma referência de vivência dialógica. Por exemplo, uma usuária com trajetória de rua disse certa vez que esperou a semana toda para ser atendida por nós, comentando que temos o sorriso sincero e um jeito atencioso. Antes de ir para a sala do plantão, ela colocou uma blusa e se arrumou, demonstrando que o espaço clínico era algo de valor e que talvez ela conseguisse se sentir importante por um momento. Outra usuária, que também estava morando nas ruas, contou que às vezes conseguia dormir na casa de alguém e obtinha alimentação em outros locais. Ela ia à casa de apoio com a única finalidade de ter o atendimento psicológico.

Freire (2005), em sua *Pedagogia do oprimido*, diz: "Aos esfarrapados do mundo e aos que nele se descobrem e, assim descobrindo-se, com eles sofrem, mas, sobretudo, com eles lutam" (p. 23). Essa frase de Freire representa o significado da ação do coletivo de pesquisa com os usuários. Descobrimos a nós mesmos e ao mundo ao estabelecermos uma relação télica de sintonia amorosa. Oferecer um espelho de visibilidade e reconhecimento para pessoas da margem nos faz olhar para nós mesmos e para o mundo de maneira mais crítica e profunda. Os conformismos instalados no corpo vão se dissipando ao entrar em contato com a distopia cotidiana dos oprimidos. O sofrimento, o espanto e a prontidão para lutar por um mundo menos injusto são marcas indeléveis que nos farão companhia.

A AMPLIAÇÃO DE CONSCIÊNCIA DO COLETIVO DE PESQUISA

O coletivo de pesquisa construiu sua atuação calcada em uma perspectiva decolonial, objetivando favorecer a emancipação de grupos oprimidos e assujeitados. As pessoas da margem, assim como os artistas, questionam, através de seu inacabamento, a ordem vigente e seu poder de instituir valores e ideais (Paulon e Romagnoli, 2018). A clínica decolonial também se faz ao não se pretender colonizar o outro, mas apostar nas forças produzidas pelo encontro, com suas diferenças e imprevisibilidade.

As trocas efetivamente aconteceram. Os plantonistas visam levar o conhecimento produzido na universidade para pessoas que talvez não teriam acesso a uma escuta qualificada. Esse vínculo construído revela-se fértil. Os plantonistas se nutrem de diversos aspectos nas interações com os usuários. O contato com pessoas excluídas amplia a capacidade de reflexão crítica sobre as forças que organizam o mundo. Nesse sentido, as plantonistas passaram a ver com mais clareza, desvelar as ideologias para perceber as relações de poder que produzem hierarquias. Uma plantonista relatou em seu diário de campo: "R. é a personificação daquilo que discutimos quanto a preconceitos e desigualdades, e é a prova de que em nossa subjetividade as opressões, diferenças de raça e classe e os aspectos culturais são constituintes fundamentais".

A contextualização social dos sofrimentos narrados inaugurou uma sintonia télica entre plantonistas e usuários, como reflete outra plantonista:

> Senti que esse atendimento foi mais uma conversa muito rica, pois ele sempre me dava abertura e perguntava minha opinião, e conseguimos refletir sobre diversas questões sociais. Me senti muito sincera enquanto conversávamos e talvez ele tenha sentido o mesmo, por ter revelado detalhes tão pessoais e até mesmo agressivos.

Um espaço para pensar e sentir os reflexos do nosso tempo histórico na nossa vida parece ter facilitado uma maior revelação dos usuários, um desvelamento das suas complexidades. E, para as plantonistas, contribuiu para melhor decodificar a inter-relação entre história e subjetividade, algo que nos pareceu bastante precioso, considerando que vivemos em tempos neoliberais, que encobrem as raízes estruturais do sofrimento. Foi, para todos os participantes, uma experiência de catarse de integração. Experiência coletiva de transformação, ponte para outro modo de estar no mundo (Malaquias, 2020).

Inspirado nas ideias de Paulo Freire, Martín-Baró (1996) pondera sobre a importância de superarmos falsas consciências e construirmos um saber crítico sobre nós mesmos e sobre a nossa inserção no mundo. Como latino-americanos, vivendo em países com injustiças estruturais, com grande parte das pessoas sem acesso à satisfação de suas necessidades básicas, a gradual decodificação do mundo, com a revelação de mecanismos que oprimem e desumanizam, derruba mistificações que naturalizam a miséria. Os plantonistas ganham novas possibilidades de ação e de autonomia, em um processo de transformação pessoal, a partir da desconstrução de fatalismos e determinismos. Ver a si mesmo como um produto de fatores sócio-históricos provocou tensões e, ao mesmo tempo, gerou liberdade. Difícil suportar as tensões de se ver como um produto histórico e, ao mesmo tempo, como um agente capaz de intervir na própria história e na História. As possibilidades de criação podem se abrir com esse novo aprendizado da historicidade de si mesmo. A visão crítica da realidade foi um aspecto bastante cultivado pela equipe de plantonistas. Buscou-se inserir os sofrimentos narrados em dimensões sociais, problematizando com os usuários questões como racismo, construção social da masculinidade, violência contra a mulher e preconceitos classistas, entre outros.

As plantonistas cultivaram uma relação de horizontalidade. Na relação com os usuários, os preconceitos classistas são desconstruídos gradualmente. Ser brasileiro é compartilhar, de alguma forma, visões negativas dos pobres como inadequados (Lobo, 2015; Souza, 2017), preconceitos seculares que foram dirigidos primeiramente às pessoas escravizadas, e agora têm como alvo os grupos populares.

Nesse sentido, no relato de uma plantonista, parece haver a sensação de que ela foi beneficiada no atendimento de um senhor: "Adorei conversar com seu J. Percebi quanto ele era vivido e que poderia aprender muita coisa com ele". O encontro geracional entre as plantonistas, que são jovens estudantes, e alguns usuários mais velhos gerou uma troca de saberes que dá vitalidade à relação, como se percebe neste relato: "Em nossas conversas, praticamente não falo. O sr. C. emenda uma história na outra e só presto atenção. Mas me deixa curiosa como um senhor tão quietinho e reservado tem tanta coisa para contar". Talvez a plantonista também estivesse refletindo sobre as complexidades de alguém considerado pela sociedade um velho humilde e pobre — portanto, não teria nada para dizer. É marcante a transformação que ocorre quando se aposta no encontro, despindo-se de ideias preconcebidas, em uma atitude de convite à abertura do outro.

A gratidão foi percebida como experiência de vivenciar momentos especiais e preciosos, que suspendem a vida ordinária e rotineira, despertando olhares cansados e expandindo as fronteiras de si mesmo em direção à alteridade. Uma plantonista relata em seu diário de campo:

> Eu fiquei muito emocionada com esse atendimento, precisei segurar um pouco as lágrimas, mas em vários momentos meus olhos lacrimejaram, principalmente quando o sr. C. expressou seu sentimento de ser visto. A forma como ele contou sobre a sua história, sobre como os acontecimentos o impactaram e como ele foi atribuindo sentido para tudo em sua vida foi algo muito especial, e senti muita gratidão por poder estar ali presente vivenciando tudo.

Em outro trecho de seu diário de campo, a plantonista vivencia uma relação plena de sentido com a profissão de psicologia, o que contribui para o fortalecimento dela em sua trajetória de estudos e trabalho, experiência marcante e fundante de conformação de uma ética em seu fazer profissional:

> Eu adoro os comentários e as percepções sobre a realidade que o sr. C. faz, são falas que sempre me marcam muito. E essa sobre o seu sentimento de ser visto, que apenas a nossa forma de olhar para ele já o fazia se sentir bem, é algo que vou levar para a vida. Em suma, apesar de estar começando a minha trajetória agora e não ter tanta experiência, esse foi um dos atendimentos mais significativos para mim. Além de me emocionar muito, também me fez refletir sobre a profissional que quero ser depois de formada.

Quando as plantonistas se dispõem a escutar a vida de outras pessoas, seu corpo é mobilizado. Sente-se uma expansão ao facilitar a expressão das vivências importantes do usuário: "As frases e o seu sorriso no final me tocaram muito e, com aquilo, eu consegui sentir felicidade e gratidão por estar ali e ter presenciado o alívio dele". Uma plantonista relatou que se sentiu realizada ao perceber que houve uma abertura do usuário a partir de uma conexão de confiança tecida durante o atendimento: "Não sei dizer quanto fiquei feliz por perceber uma sensibilidade escondida sendo finalmente mostrada para mim". A dissolução de conservas ideológicas mergulha os participantes em uma relação espontânea e criativa (Aguiar, 1990), na qual as pessoas se revelam para além de seus fenótipos de classe.

Ao se aproximar da perspectiva de pessoas cujas trajetórias são acidentadas, marcadas por violências e abandonos, as plantonistas sentem-se comovidas e entram em um estado de profunda reflexão. Uma delas escreveu em seu diário de campo:

O que mais me comoveu foi quando fomos aprofundando a conversa e percebi que ela é totalmente sozinha no mundo, que ela não tem pessoas de referência. Ela sofre de muito desamparo e solidão, parece estar vagando no mundo. Disse que já pensou em suicídio, mas hoje pensa em viver.

Encontramos dois relatos em que essa comoção se manifestou em vontade de abraçar, como se o acolhimento devesse englobar também um encontro dos corpos: "Quando ele chorava, sentia muita vontade de abraçá-lo, mas não o fiz. Apenas fiquei parada, olhando para ele, esperando que ele sentisse vontade de falar"; "Quando ela falou que só queria um beijo e um abraço de sua mãe, senti vontade de abraçá-la, mas não sabia se podia. Agora estou me perguntando se não deveria ter feito isso".

O desamparo dos usuários gerou compaixão e o desejo de acolher. O questionamento sobre abraçar ou não o cliente e os limites do papel de plantonista/psicoterapeuta parecem ter bloqueado o fluxo afetuoso que buscava expressar solidariedade e, assim, atenuar as vivências de abandono. Como vimos, essa aproximação com as injustiças estruturais encarnadas em existências mortificadas transforma os profissionais, que integram em seus referenciais de mundo uma ampliação de consciência. Esse novo saber sobre o mundo se dá por meio de uma catarse de integração em que subjetividades antigas e mistificadoras são abandonadas e uma nova consciência crítica é construída (Martín-Baró, 1996; Moreno, 1975). Ao perceber o peso da História na trajetória de vida de pessoas à margem, percebemo-nos também como pessoas assujeitadas pelos controles sociais contemporâneos. Portanto, essa catarse de integração proporcionada pela tele revela os papéis históricos vividos pelos indivíduos a depender do seu lugar social. A revelação de uma função histórica pode levar as pessoas a uma participação mais ativa, integrante e atuante na realidade (Naffah Neto, 1997). A ampliação das possibilidades existenciais a partir do novo aprendizado de nossa historicidade é um importante elemento para o resgate da espontaneidade criadora.

DESAFIOS, IMPASSES E DIFICULDADES DE UMA CLÍNICA À MARGEM

Uma clínica que acolhe urgências subjetivas não tem apenas momentos de abertura e de criação, mas dificuldades e entraves no encontro com o sofrimento da exclusão. É relevante trazer à tona não apenas episódios bem-sucedidos da clínica psicológica, mas as vicissitudes do trabalho real de uma prática repleta de complexidades, com seus percalços e impasses.

As plantonistas experimentaram outras formas de escuta clínica, diferentes daquelas estudadas na formação tradicional em psicologia, como relata esta profissional: "O primeiro incômodo que senti foi em atender no corredor, me senti constrangida em alguém escutar sua história, pois passava sempre um e outro por lá. Mas o senhor A. estava totalmente imerso em sua sessão". O que caracteriza a clínica não é o lugar, mas a disponibilidade para escutar o sofrimento e as potências a partir de um interesse afetuoso pela história do outro, além da mobilização do usuário/cliente para que se debruce sobre as próprias vivências. A clínica do segredo, de confessionário, em um ambiente fechado, não contempla a riqueza das interações que aconteceram no encontro entre plantonistas e usuários. Mergulhar no encontro que traz o inusitado parece colocar as plantonistas em uma posição mais desprotegida, sem uma sala de atendimento que dá continência ao próprio psicoterapeuta. Assim, seu próprio corpo emerge como o *setting* que acolhe o discurso do outro (Lancetti, 2016).

A sensação de impotência e fracasso foi algo presente nos atendimentos. Seguem depoimentos de plantonistas que retratam vivências de insuficiência diante do sofrimento do outro: "Fiquei um pouco apavorada com esse atendimento, pois senti que não a ajudamos. Me senti inútil, impotente e incapaz, pois quando intervimos ela não disse nada nem parecia refletir sobre o assunto. Fiquei com um sentimento de que poderia ter ajudado mais". Neste outro trecho, a intensidade do sofrimento da usuária produziu uma experiência de desamparo na plantonista:

Foi um atendimento angustiante. Ela queria muitas respostas e eu senti que não podia dar nenhuma para ela. O que eu dizia não surtia efeito nenhum. Me senti extremamente impotente, pois I. relatou ter pensamentos suicidas, o que me deixa muito preocupada com seu estado emocional. Me senti bem desamparada.

Este outro fala da vivência de incapacidade: "O sentimento de incapacidade predominou. Eu não sabia o que estava fazendo ali, não sabia o que dizer ou como olhar para ele. O pedido de desculpas por não conseguir ajudar foi sincero, eu realmente senti que não consegui fazer nada". A distância entre a formação tradicional da psicologia e a proposta dessa clínica que acolhe urgências subjetivas com pessoas marginalizadas foi um dos aspectos geradores desse desamparo. Uma clínica da cura mais próxima do modelo médico, que ainda é hegemônica, pode ter colocado as plantonistas em uma posição de ter que encontrar soluções para os sofrimentos compartilhados.

A equipe de pesquisa procurou outro fazer clínico, mais crítico, que nos lança em territórios desconhecidos, produzindo desestabilizações, apostando em novas formas de encontro entre cientista/psicóloga e usuário (Silva e Carvalhaes, 2016). Rompe-se com uma visão de subjetividade homogênea e universal, concebendo os atravessamentos interseccionais em vidas concretas, o que insere as plantonistas em formas inéditas da exclusão.

Lidar com vidas maltratadas traz desafios. Estabelecer uma relação de proximidade com pessoas tratadas com descrédito e violência por vezes gera nos plantonistas sentimentos de desamparo e incapacidade, em decorrência do vazio vivido ao se deparar com injustiças estruturais. Neste trecho de diário de campo, percebe-se que a inserção do sofrimento do usuário no contexto das injustiças sociais produziu impotência:

> O que mais me tocou nesse atendimento foi a desigualdade social, como ela pode ser nua e cruel; senti que encontrar novas perspectivas nesse cenário é difícil. Quando ele disse que ia dormir na rua naquela noite, senti um grande aperto no coração por não poder fazer nada a respeito, ao lado de um grande sentimento de inutilidade diante dessa situação.

Os limites da atuação da psicologia, de uma escuta do sofrimento diante de tantas precariedades, parecem colocar as plantonistas em uma vivência de desalento, distopia, falta de esperança, caminhos áridos, como se percebe neste trecho de diário de campo:

> É difícil pra caramba escutar tanto sofrimento e não poder fazer nada. Senti que eu estava ali, mas que meu papel não valia de nada. Não parecia que eu estava atuando como psicóloga. Parece que a minha profissão foi rasa demais para sequer chegar aos pés de poder fazer algo por tantos sofrimentos que se dão por situações concretas de precariedade, de vulnerabilidade, e que não dependem de mim. É um sentimento de insuficiência, de impotência. Terrível!

A instauração de uma historicidade de si ao entrar em contato mais explícito com o assujeitamento dos que pertencem à margem não produz somente ampliação de horizontes. Nesse momento de intensidade, ocorre um esvaziamento que, em vez de contribuir para uma vida mais espontânea e criadora, pode deslizar para um estado de cansaço, de impotência diante dos enormes obstáculos para modificar a realidade. Esse estado de impotência é descrito por Le Breton (2018) como o desaparecimento de si, em que o sujeito sente uma insuficiência atormentadora, fracassando em ser presença. A resposta possível parece ser anestesiar-se para neutralizar os afetos convocados.

Lidar com os limites da clínica psicológica e com os sofrimentos decorrentes de injustiças sociais instaura uma impotência que pode produzir uma reação de distanciamento e julgamento do outro. Endurecer afetos e percepções por vezes ajuda os profissionais a darem conta de relatos, muitas vezes confusos e não lineares, de pessoas com vidas fragmentadas na margem, como mostra este trecho de um atendimento:

Senti que nossas intervenções não fizeram efeito e fiquei muito confusa em alguns momentos do atendimento, pois os seus relatos eram um pouco contraditórios. Fiquei com o sentimento de que não conseguimos ajudá-la. Também achei que ela tem várias queixas e reclamações, mas que não está disposta a fazer mudanças para que o que a incomoda pare de acontecer.

A vulnerabilidade de se viver nas margens, com parco acesso à educação, bem como às demais riquezas simbólicas produzidas pela sociedade, como as diversas manifestações culturais, constitui uma precariedade existencial que dificulta as reflexões e elaborações da própria experiência. A possibilidade de criar novos horizontes existenciais e a espontaneidade criadora são escassas em pessoas que precisam sobreviver em contextos hostis. Algumas plantonistas relataram impasses e bloqueios que produziram desânimo e frustração:

O discurso do seu J. permanece repetitivo, com as mesmas características de perseguição. Desde as outras conversas, já venho apresentando um sentimento de desconsolo, como se eu não estivesse sendo útil para um avanço ali. Essa paralisia e incapacidade de intervir no discurso dele me desanima.

A impotência circulou no espaço clínico na presença de vivências repetitivas de perseguição:

Posso descrever o que senti com a seguinte frase: "Parecia que eu tentava cavar um buraco em uma pedra". Ainda durante a conversa pensei nessa frase, pois sentia o seu J. como um solo extremamente rochoso, petrificado com tantas experiências de traição, perseguição e frustração. Isso me deixou bastante angustiada, ver que tentei algo diferente e que nenhuma mudança aconteceu.

A vulnerabilidade pode atravessar o corpo dos profissionais que cuidam de pessoas à margem, produzindo angústias e inseguranças que assumem a forma de um labirinto sem saída. Permanecer com esse enigma, sem consciência de que lidar com vidas precarizadas tem seus desafios, pode levar à desmotivação e até mesmo ao ressentimento (Paulon e Romagnoli, 2018). Nesses casos, a tele — como condição de cocriação e sintonia — teria ínfimas possibilidades de se manifestar (Aguiar, 1990). A ausência da tele faz que os participantes experimentem a relação como um campo desértico, fonte de cansaço e impotência.

Às vezes, ocorre um processo de identificação com os sentimentos e as dificuldades do outro, como reflete esta plantonista:

> Sinto uma grande necessidade de ajudá-lo a sair desse local e angustiada e inútil quando não consigo ver um progresso, pois acabei percebendo a solidão que nos é comum. Me sinto sozinha, pois as pessoas com quem convivo estão apenas no meu quintal, assim como ele também está só. Mesmo nas poucas pessoas com quem convive ele não consegue confiar.

A vontade de ajudar o usuário a sair do lugar da solidão se confunde com a própria dificuldade da plantonista de lidar com suas dores e isolamentos. Tentar ver algum progresso do usuário seria, talvez, um desejo de não vivenciar a dificuldade de confiar nas pessoas. Aproximar-se do outro gerou, nesse caso, uma angústia profunda, na medida em que ambos têm em comum a vivência da solidão decorrente de um isolamento sociométrico. Vale observar que a miséria relacional foi compartilhada entre pessoas de classes sociais distintas. Para Moreno (2008), plantonista e usuário fariam parte do proletariado sociométrico — grupos de pessoas isoladas, negligenciadas, sem inserção social, com escassas possibilidades de realização pessoal.

A nossa pesquisa/intervenção favorece a emergência de situações de opressão de gênero, tendo em vista que a equipe é composta majoritariamente de mulheres e a maioria dos usuários é formada por homens. Estes se apresentam na casa de apoio através do papel de oprimido, do lugar da exclusão, em busca de cuidados como alimentação, moradia e atendimento psicológico. As narrativas de racismo e preconceito de classe predominam. Por outro lado, os percursos existenciais e sociais a partir de uma inscrição na masculinidade tradicional podem fazer os oprimidos deslizarem para a posição de opressores no contato com as mulheres do plantão. Às vezes, estar em um ambiente predominantemente masculino constitui uma vivência que intimida, como reflete essa plantonista que interagia com um usuário no pátio da instituição: "Algumas partes da sua fala foram de difícil compreensão, e outro ponto que me deixou acuada foi o fato de estar sentada no meio e bem perto de tantos homens".

As plantonistas relataram nos diários de campo que sentiam raiva quando ouviam discursos que cultivavam uma supremacia masculina. Em outros momentos, o medo e a vulnerabilidade diante de uma fala misógina e violenta faziam que a profissional se sentisse acuada, com poucas possibilidades de ação, como se percebe neste relato:

> Eu fiquei completamente intimidada, a preocupação de que as coisas pudessem sair do controle estava me assustando. Infelizmente, me perceber em uma sala vazia com um homem que dizia com tanta naturalidade que machucava as pessoas sem dó me fez sentir medo. Medo por ser mulher, medo por estar sozinha na sala com ele se alterando, medo por não ter feito as intervenções direito, medo de que ele saísse dali, fosse até a namorada e as coisas acabassem mal. Enfim, mil coisas ao mesmo tempo.

Percebe-se que a intimidação foi dando lugar a uma vivência de terror. Terror por perceber um mundo que ainda odeia as mulheres e autoriza os homens a ser violentos para (não) lidar com sentimentos e frustrações. A situação é paradoxal e angustiante. As plantonistas estabeleceram uma relação de solidariedade com pessoas excluídas, mas acabaram se sentindo oprimidas pelas manifestações do patriarcado nas relações com os usuários. O patriarcado, como sistema masculino de opressão, crê na sujeição das mulheres; os homens construiriam um sistema de solidariedade que os autorizaria a controlá-las em diversos âmbitos — sexual, reprodutivo, econômico, psicológico etc. (Saffioti, 2004). Nas supervisões semanais em que essas cenas eram relatadas, foi possível observar, entre as plantonistas, sensações intensas de vulnerabilidade, medo, raiva. Muitas delas se sentiram confusas por estar numa relação de ajuda e sofrer intimidação e invasão — vivências que soam como mensagem de que o mundo é bastante hostil para as mulheres.

Os plantões psicológicos foram espaços nos quais o coletivo de pesquisa entrou em contato com subjetividades dispersas, fragmentadas, compulsivas e delirantes, além de questões históricas e políticas que se manifestam de forma explícita — como as injustiças sociais, que produzem desesperança e impotência, e a misoginia do patriarcado, emergente na própria relação terapêutica. É importante mapear os fracassos, tensões, desafios e desestabilizações produzidos no encontro com o sofrimento da margem, pois eles evidenciam momentos de impasse no trabalho clínico real, com suas intensidades e imprevisibilidades. A intensidade da vida nem sempre fomenta a criatividade; também pode endurecer ou desertificar as relações.

7. Espontaneidade produtiva popular: vivências compartilhadas da exclusão

> *Não se deve tentar fixar o homem, pois o seu destino é ser solto. A densidade da História não determina nenhum de meus atos. Eu sou meu próprio fundamento. Ó, meu corpo, faça sempre de mim um homem que questiona!*
> Franz Fanon, *Pele negra, máscaras brancas*

INTRODUÇÃO

Neste capítulo, pretende-se fazer um relato das experiências de escuta dos usuários da casa de apoio no contexto grupal. Além dos atendimentos individuais, a equipe de pesquisa procurou realizar intervenções no âmbito grupal, como uma ação articulada aos plantões psicológicos. As intervenções grupais se mostraram um espaço muito importante de compartilhamento de experiências, tendo em vista que os sofrimentos relatados nos plantões tinham relação com o lugar social dos usuários.

As marcas da exclusão social foram insistentemente narradas em ambos os espaços, constituindo o tema protagônico/predominante. Os denominadores coletivos do papel histórico de oprimido demandavam uma abordagem grupal para que se manifestasse o princípio da interação terapêutica, no qual um membro do grupo pode ser agente terapêutico de outro (Knobel,

1996). Procuramos perceber, no grupo, a ação do que Moreno (2008) denominou "espontaneidade produtiva popular" (p. 143): forças transformadoras de um grupo ou de uma comunidade que contestam as estruturas vigentes. Nessa ideia moreniana, a espontaneidade atua no âmbito comunitário, resistindo aos assujeitamentos promovidos pela ordem vigente e produzindo novas subjetividades, novos olhares, ou negando as subjetividades prontas impostas pelos poderes. A ideia de espontaneidade produtiva popular se alinha com a minha proposta de realçar o caráter político presente no conceito de espontaneidade, que seria a busca de outras formas de ser e de outras sensibilidades em relação aos modos de subjetivação neoliberais, que esvaziam as possibilidades criativas dos sujeitos (Vieira, 2017).

Na casa de apoio, as pessoas costumam ficar em um pátio, um local de convivência, onde aguardam até que o almoço fique pronto. O momento propício para realizar o encontro grupal era durante a espera do almoço, que é servido de segunda a sexta-feira, às 11h45. A instituição já tinha como proposta a realização de palestras educativas. Esse momento com o grupo que aguarda o almoço dura cerca de 20 minutos, das 11h25 às 11h45. Geralmente, um(a) voluntário(a) fica encarregado(a) de falar em determinado dia da semana sobre algum tema considerado "edificante", permeado de aspectos religiosos e até mesmo moralistas. Poderíamos resumir em "como retomar o caminho certo", com certos julgamentos de que os usuários seriam pessoas inadequadas, que estariam em condição de vulnerabilidade por escolherem trajetórias de vida equivocadas. Essa postura diante de pessoas excluídas é uma reprodução do processo vigente de culpabilizar os indivíduos em situação de pobreza.

Na verdade, os excluídos são alvo de olhares de depreciação e culpabilização, na esteira de processos de descompromisso social e estatal na luta contra a desigualdade. As ideologias neoliberais operam para responsabilizar o sujeito por sua condição de privação, e os próprios excluídos acabam por incorporar essas ideias. Consequentemente, instaura-se um jogo mortífero de ódio a si mesmo, com vivências de culpa, vergonha e inferioridade.

As palestras educativas realizadas na casa de apoio reforçam esse processo de culpabilização, o que demonstra que o assistencialismo e a tutela representam propostas relacionais transferenciais, em que se negam as singularidades e as potências de vida que podem emergir do encontro télico aberto. Nessa instituição de apoio, o cuidado e a solidariedade são permeados por doses de opressão e assujeitamento. Como contraponto, fizemos a proposta de ocupar um dia na semana, as terças-feiras, com a realização de uma palestra educativa. Porém, utilizamos esse espaço não para fazer palestras, mas para realizar encontros grupais com temas que fossem mobilizadores e significativos para os usuários, assuntos que dialogassem com o cotidiano vivido, com a realidade concreta dessas pessoas. Nem sempre foi possível o trabalho dramático, dado o pouco tempo disponível. Na maioria das vezes, as intervenções se deram no âmbito grupal, com fortes ressonâncias do contexto social, sobretudo no que concerne aos sofrimentos decorrentes de situações de opressão.

Durante alguns dias, fomos percorrendo o pátio e perguntando sobre assuntos que eles gostariam de discutir em grupo no momento que antecede o almoço. Dois temas foram levantados de forma mais destacada nesse primeiro momento: o uso problemático de álcool e outras drogas e os relacionamentos interpessoais. Ficaríamos atentos aos temas emergentes ao longo dos encontros.

Os encontros grupais relatados a seguir foram realizados no segundo semestre de 2019 e coordenados por mim. Nesse período, houve um total de 18 encontros, com 60 a 70 participantes cada um. Esses encontros foram bem diferentes das intervenções grupais comuns, que em geral focam em pequenos grupos. Para promover interações, a escuta e a circulação da palavra, utilizamos jogos teatrais (Boal, 2006) e jogos dramáticos (Yozo, 1996), além da leitura de poemas e letras de música que falam sobre desigualdade social.

No primeiro encontro grupal, comecei dizendo que já oferecemos os plantões psicológicos e também queríamos fazer um trabalho de grupo, uma espécie de terapia comunitária, a fim de conhecermos cada um, saber o nome, trocar experiências. É importante mencionar que nas palestras educativas da instituição os usuários não têm espaço de fala. Somente o palestrante fala, quase sempre de um tema escolhido por ele. Percebemos que na maioria das vezes o assunto não tinha relação com a vida concreta das pessoas. Além da falta de circulação da palavra, o espaço grupal parecia ser infecundo. Expliquei que quem quisesse poderia se apresentar dizendo o nome, de onde era, o que sabia fazer, com o que trabalhava. Propus o jogo da apresentação com barbante: cada pessoa que recebia o rolo de barbante falava seu nome e algo de si que gostaria que os outros soubessem. A pessoa que acabava de se apresentar segurava um pedaço do barbante, enrolando-o no dedo, e jogava o rolo para a próxima pessoa, até que todos se apresentassem. Trata-se do "Jogo do novelo" (Yozo, 1996, p. 60). Ao final, forma-se uma teia que envolve todos os participantes. A ideia era que esse jogo pudesse favorecer certa grupalidade, tendo em vista que os outros momentos grupais que ocorrem na instituição não aproveitam a potência do grupo.

Alguns membros do grupo tiveram prazer em falar e se apresentar. Parece que faziam questão de mostrar quem são. Alguns poucos que estavam mais afastados preferiram não falar. No geral, disseram o nome, de onde eram e suas habilidades profissionais. As pessoas que não eram da cidade quiseram falar de onde vinham. Havia pessoas de Alagoas, Bahia, Mato Grosso,

Mato Grosso do Sul, Minas Gerais e São Paulo. Dois participantes descobriram que são de Alagoas, apesar de morarem no mesmo local. O clima era muito bom, de acolhimento. Eles ficaram entusiasmados de falar de si, sobre seus ofícios, suas habilidades de trabalho. Três deles estavam um pouco alcoolizados, outros dois estavam mais e um destes não queria parar de falar. Estava agitado e alheio ao restante do grupo. Fazer circular a palavra em um espaço antes sem diálogo tem seus desafios.

Percebe-se que o álcool é um aditivo que encoraja a expressão, mas os mais alcoolizados não sabem muito bem o momento de parar de falar e escutar os outros. Ao final, os usuários bateram muitas palmas, entusiasmo que pareceu expressar uma alegria democrática de poderem falar e ouvir. Depois, alguns voluntários comentaram que eles têm muitas habilidades, denotando surpresa. Foi muito gratificante fazer esse trabalho e ajudar a romper com visões instituídas de que eles precisam somente escutar ensinamentos para aprenderem a viver melhor.

A seguir, os relatos dos encontros grupais terão continuidade, dividindo-se em temas. Os temas protagônicos que emergiram ao longo dos encontros grupais foram: 1) sofrimentos decorrentes do desenraizamento; 2) busca de reconhecimento; 3) criação espontânea de outros caminhos. Tais temas foram categorias criadas com base na análise qualitativa dos registros escritos dos encontros grupais por meio do método descritivo fenomenológico.

SOFRIMENTOS DECORRENTES DO DESENRAIZAMENTO

O tema das relações interpessoais emergiu como uma forte necessidade do grupo ao longo dos encontros. Os membros queriam um espaço de reflexão sobre os desencontros e incômodos que vivenciavam ao se relacionar com as pessoas. No entanto, os problemas dessa índole estavam associados com as questões da exclusão social, ou seja, com o lugar de menos-valia que a sociedade lhes destinava. Para quem vive na margem, os problemas relacionais frequentemente têm ligação com relações de poder e alguma forma de desqualificação social. No espaço grupal, os membros puderam expressar os afetos presentes na experiência de desenraizamento, que seriam vivências de não pertencimento à condição humana a partir de reiteradas opressões.

Durante determinado encontro, sr. O. falou sobre o incômodo que surge quando alguém "vira a cara", quando não o cumprimenta. Então, outras pessoas começaram a falar sobre discriminação, preconceito e racismo. Um dos membros disse que é muito doloroso quando se vê diante de alguém que se sente superior a outras pessoas. O desprezo e o olhar de superioridade doem muito. Perguntei a eles como reagir diante de humilhações. Ficaram pensativos. A senhora E. disse que é muito ruim quando alguém a critica sem saber de sua história. Eles sentem tristeza quando são julgados pelos outros, sem que as pessoas tentem entender o contexto de vida de privação. Em outro encontro grupal, o sr. O. comentou que é muito ruim quando ele está conversando com alguém e percebe que a pessoa não está prestando atenção ao que ele diz. Talvez ele tenha sido porta-voz de muitos membros do grupo que se sentem desconsiderados, como se aquilo que expressam não fosse importante.

O olhar do outro também emergiu como uma vivência desagregadora. Pessoas de classes incluídas olham de cima a baixo, com desprezo, ou desviam o olhar quando passam por eles. Um olhar que condena o excluído a um lugar de inadequação, a um não lugar.

O sofrimento social se manifestou no grupo como uma experiência de desvalia, anulação, coisificação (Gaulejac, 2006). A dominação como algo constitutivo das relações sociais se

A DISTOPIA COTIDIANA DOS OPRIMIDOS

manifestou no espaço grupal. Os processos sociais de invalidação e estigmatização são interiorizados e vividos como vergonha, culpa, tristeza, raiva. As estruturas sociais que traçam uma linha divisória entre as pessoas dignas e as indignas de reconhecimento se transformam em estruturas psicológicas.

Cada relato individualiza a história social coletiva, sendo cada pessoa uma síntese complexa do tempo histórico atual. Compartilhar em grupo as experiências de invalidação pode ser uma forma de escapar da vergonha sentida originalmente na experiência de ver o rosto de alguém se virando e manifestando desprezo. No grupo, essa vergonha se manifestou como tristeza e raiva, início de um movimento periférico de contestação das conservas coloniais (Vomero, 2023) presentes no coinconsciente social brasileiro. Enquanto se permanece com a vergonha interiorizada, o movimento é de submissão e reprodução das estruturas vigentes. A tristeza e a raiva compartilhadas no âmbito coletivo são desvios reflexivos e questionadores que propõem resistência (Vieira, 2017). Expressar a raiva é sair do lugar em que a sociedade coloca as pessoas de grupos populares, que devem seguir um roteiro apaziguador. Precisam ser sempre gratos e ficar nos seus devidos lugares (Gaulejac, 2006). O grupo, portanto, parecia querer se libertar dos efeitos das correntes sociométricas necropolíticas, correntes afetivas produtoras de uma mortificação de si mesmo.

Em determinado encontro, o senhor M., que é andarilho, disse que autoestima é quando a gente gosta de si mesmo. Tentando articular com questões sociais, para não parecer que e só um problema individual, falei sobre autoestima e preconceito. As vivências de se sentir sem importância, como alguém descartável, estavam latentes. Essa desqualificação social permanece como um enigma indecifrável, colando no excluído, transformando-se lentamente em uma visão depreciada de si mesmo. O destino do olhar social de desvalia é a autodepreciação. Vejamos algumas falas que emergiram nesse encontro:

- As pessoas têm preconceito porque estão presas no seu próprio egoísmo.
- Precisamos filtrar e tentar neutralizar os olhares negativos.
- É preciso ser forte.

Faço a leitura da letra de uma composição do cantor de rap Gabriel, O Pensador, chamada "Lavagem cerebral"[3]. Segue um pequeno trecho:

> Não seja um imbecil
> [...] Não se importe com a origem ou a cor do seu semelhante
> O que que importa se ele é nordestino e você não?
> O que que importa se ele é preto e você é branco?
> Aliás, branco no Brasil é difícil, porque no Brasil somos todos mestiços
> [...]
> Nascemos da mistura, então por que o preconceito?

Em determinado encontro grupal, um usuário disse que precisamos pensar em Deus quando temos frustrações. Outro, que nunca tinha participado — ele carrega um carrinho com material reciclado —, também quis falar sobre a importância de se pensar em Deus. O senhor F. falou sobre relações em que o diálogo não é possível e disse que, às vezes, o melhor é se distanciar de algumas pessoas. Eu confirmo o que ele diz, que é importante percebermos que em determinada relação pode não haver espaço para o

---

3. Disponível em: https://www.letras.mus.br/gabriel-pensador/66182/. Acesso em: 4 nov. 2024.

diálogo. O senhor A. disse que às vezes as pessoas se aproveitam de sua fragilidade e ele fica nervoso. Diz que é fraco da cabeça. Eu pergunto a ele e ao grupo como lidar com isso, como fortalecer a cabeça, e ele explica que é preciso se concentrar e tentar pensar diferente. O senhor A. está representando outro grupo social que é visto como uma existência infame na história brasileira: o dos chamados loucos. Por serem considerados ineficientes ou um fardo social, revelam algo do nosso tempo histórico, como aponta Lobo (2015, p. 13): "Nada têm de grandioso, mas guardam certa grandeza no sofrimento, revelam muito de seu tempo em seu fugidio clarão e, certamente, foram objeto de ódio, piedade ou desprezo de seus contemporâneos". Percebo que foi surpreendente para o grupo ver que alguém como ele, que tem vários comprometimentos de saúde mental, estava conseguindo se expressar tão bem, além de estar tentando refletir sobre si e sobre a própria vida.

Experiências de raiva e ódio foram compartilhadas no espaço grupal, revelando os afetos que podem se manifestar no cotidiano das relações diante de opressões e situações injustas. Em determinado encontro, um usuário disse que se sentiu decepcionado em uma situação na qual foi combinado um valor pelo seu trabalho, mas no final a pessoa pagou menos do que o tratado. Ele disse que ficou com muito ódio. Outro usuário comentou que fica com raiva quando chega sexta-feira e o patrão dele não o paga. Penso com o grupo que a raiva pode indicar que estamos sofrendo alguma injustiça. O contexto social do interior brasileiro se revela, com forte predomínio de relações hierarquizadas e práticas autoritárias. Trata-se do coronelismo, no qual a figura de uma autoridade patriarcal reedita padrões de sociabilidade escravagistas de mandos e desmandos. O papel de coronel ou patriarca seria uma pauta de condutas que oscilam da benevolência a atitudes violentas de sujeição do outro, dependendo do "humor" desse pai autoritário. Talvez essa pauta de interações não esteja presente apenas no interior; também se insinua em grandes centros quando, por exemplo, um trabalhador que ocupa uma função mais ligada ao corpo, chama de "doutor" um cliente que parece exercer trabalho intelectual — conservas coloniais que classificam as pessoas das classes populares como coisas; resíduos da escravidão, a instituição brasileira mais duradoura (Lobo, 2015; Vomero, 2023). No caso do grupo, a raiva do subalterno seria uma indicação de que há certa recusa aos modos arcaicos relacionais que insistem em permanecer.

O espaço dialógico facilitou a emergência de contestações das relações de poder opressoras que ocorrem em instituições de cuidado e de trabalho. Casas de recuperação que internam pessoas com uso problemático de álcool e outras drogas, relações de trabalho abusivas e escravagistas, pastores de igrejas que se aproveitam da vulnerabilidade das pessoas foram temas trazidos pelos usuários. Muitos deles relataram relações de abuso que ocorrem em algumas igrejas neopentecostais. Outros narraram situações de trabalho análogas à escravidão, sobretudo em fazendas. Como pessoas marginalizadas, que geralmente não têm voz e direito à palavra, o questionamento das injustiças sofridas com opressores foi algo que lhes trouxe força e vitalidade no espaço grupal.

O senhor O. também falou de decepções vividas nas relações. Então, o grupo começou a falar muito da raiva. Eu digo que a raiva é um sentimento importante. Pergunto aos usuários sobre como lidar com ela. Penso com o grupo que a raiva é um sentimento que indica que podemos estar sendo incomodados, invadidos, e que é preciso adotar um posicionamento ou reagir de alguma forma. A senhora R. diz que fica com muita raiva quando está andando na rua e alguém parece a estar seguindo. Então, explico que a raiva mostra que ela precisa se defender de uma ameaça. Seguem outras falas sobre a raiva:

- Não podemos deixar a raiva tomar conta, senão fazemos besteira.
- Precisamos contar até dez, respirar fundo antes de agir.
- A raiva é perigosa porque a gente pode matar alguém e às vezes a gente pode bater em mulher por causa da raiva.
- Se conseguirmos nos colocar no lugar do outro, não vamos descarregar nossa raiva nele.

Alguns relataram novamente episódios de humilhação com chefes. Eles parecem expressar a raiva como oprimidos e como opressores — no caso da violência contra a mulher. A construção da masculinidade com um papel masculino que permite a dominação da mulher oferece uma relação em que os homens excluídos têm algum poder, talvez abrindo canal para transmitirem as opressões sofridas em outras relações. Tendo em vista que a maioria dos membros do grupo é composta de homens, fizemos inúmeras reflexões sobre o patriarcado, que coloca as mulheres como seres inferiores e como um objeto que pode ser invadido, violado e violentado. Refletimos que, assim como eles carregam as dores de serem excluídos, as mulheres são massacradas cotidianamente pela sociedade machista e patriarcal. Questionamos essa via de se livrar da opressão oprimindo outras pessoas. De qualquer forma, revelou-se importante pensar sobre os próprios afetos, reações e possíveis formas de lidar com essas vivências.

O tema do racismo, com suas experiências de discriminação e preconceito, mostrou-se bastante recorrente no espaço grupal. Foi possível perceber de modo vivo e concreto que a desigualdade e as relações de poder entre as classes sociais provocam muito sofrimento, que fica reverberando na subjetividade dos usuários. Em um encontro, quando o tema do racismo emergiu, conversamos sobre a formação social brasileira, os quase 400 anos de escravidão, o abandono de negros e pobres, as relações de poder, pessoas que se sentem superiores às outras por serem brancas ou de classe média. Nesse momento, li um trecho da música "Negrodrama"[4], dos Racionais MCs, a fim de oferecer uma manifestação artística de qualidade e que reflete o olhar da periferia:

Negro drama
Cabelo crespo e a pele escura
A ferida, a chaga, à procura da cura
[…]
Eu sei quem trama e quem tá comigo
O trauma que eu carrego
Pra não ser mais um preto fodido
O drama da cadeia e favela
Túmulo, sangue, sirene, choros e velas.

A senhora A. disse que não liga para discriminação, que a gente tem que ignorar, que não podemos nos sentir inferiores. O senhor O. pediu para contar uma história: havia um fazendeiro que tinha dez vacas e ia matá-las. Qual o nome da última? Esperança. Então, esperança é a última que morre. Entretanto, ele disse que às vezes é difícil manter a esperança. Outro usuário comentou que às vezes é preciso aceitar as críticas, mesmo quando as pessoas dizem coisas desagradáveis. Ele parece ter uma identificação com o opressor ou não querer ser visto como vítima. Parece se sujeitar ao lugar de subserviência que a sociedade destina a ele. Acolhi seu ponto de vista e coloquei para o grupo que temos duas visões aqui: uma que entende que a discriminação e o racismo matam nossa esperança; e outra que acha que devemos aprender

---

4. Disponível em: https://www.letras.mus.br/racionais-mcs/63398/. Acesso em: 26 dez. 2024

A DISTOPIA COTIDIANA DOS OPRIMIDOS

com as críticas. O grupo precisa ser um lugar de diversidade de percepções, sem pensamento único.

Um homem comentou que nesta vida alguns vão dominar os outros, mas que depois todos vão morrer e em outra vida isso não vai acontecer mais. Foi uma visão bem fatalista. Pode ser uma defesa diante da dificuldade que é sustentar a luta contra as injustiças. A luta por um mundo melhor implica angústia. Pode ser também um esvaziamento, um deixar-se levar pelo cansaço diante dos sentimentos de insuficiência e de falta de poder sobre a própria vida (Le Breton, 2018). Nesse sentido, a raiva parece dar lugar à impotência.

Embora a dor entre em contato com temas que produzem sofrimento, como o racismo, o grupo parece se sentir bastante envolvido com as trocas. É potenciada a reflexão em grupo sobre temas que têm conexão direta com a vida concreta das pessoas. Nesse encontro em que o racismo também foi abordado, surgiram algumas histórias marcantes. O senhor M., que é andarilho, afirmou que já foi *hippie* e que morou na floresta amazônica. Contou muitos detalhes sobre dormir na rua, andar 250 quilômetros de uma cidade a outra, doenças que contraiu. Parece ter um saber bem interessante sobre a vida nômade. Outro membro do grupo, o senhor N., um venezuelano migrante, contou que veio para o Brasil com os irmãos e que agora espera a mãe e as irmãs chegarem ao país. Ele diz que conseguiu trabalho e tem comida e moradia, mas que pensa nelas, que estão com dificuldades para viver na Venezuela. O senhor F. relatou que arranjou um trabalho e, com isso, conseguiu mobiliar seu quarto. Agora quer comprar uma moto. Para ele, o ano anterior foi muito ruim e, graças à nossa ajuda, com nossa escuta e o apoio de algumas pessoas, conseguiu superar situações difíceis. Ele parecia muito grato. Disse que recebeu um sinal de Deus. Viu um passarinho caído no chão que parecia morto, pegou-o, fez carinho nele. Em seguida, o passarinho abriu as asas na palma da sua mão e voou. Digo que parece a sua própria reconstrução, e ele concorda.

As opressões também se dão no cotidiano da casa de apoio. Em algumas interações entre a equipe de voluntários e os usuários, os papéis históricos de opressor e oprimido se atualizam na relação entre pessoas que estão oferecendo ajuda e aquelas que recebem o cuidado. O coletivo de pesquisa se mostrou incomodado com as opressões presentes na própria instituição de apoio. Uma plantonista escreveu em seu diário de campo sobre seu mal-estar quando percebia que havia pessoas da instituição chamando os usuários de "malas" — um termo bastante pejorativo. Outra plantonista também se viu incomodada quando uma pessoa da gestão disse que tentaria implantar uma regra em que todos os usuários seriam obrigados a participar do atendimento psicológico para ter direito ao almoço.

A tensão entre a equipe de pesquisa e as pessoas que trabalham na casa de apoio se deu entre duas formas de se enxergar a exclusão social. De um lado, as plantonistas procuraram perceber as condições históricas e sociais que produzem a pobreza; de outro, existe a reprodução do imaginário social que percebe os grupos populares como vagabundos, preguiçosos, descartáveis, perigosos (Lobo, 2015). Portanto, se o cuidado nas margens for prestado sem que se tenha uma visão sociocrítica, as opressões se atualizam em lugares nos quais a solidariedade deveria predominar. A piedade presente no dispositivo da filantropia tem rastros autoritários, pois a aproximação com a pobreza se dá por meio da tutela (Lobo, 2015). Esta se baseia na visão de que há pessoas que não sabem cuidar de si mesmas, desqualificando suas formas singulares de organizar a existência, os diversos arranjos de vida possíveis. Vemos posturas moralistas e assistencialistas que tentam assujeitar os usuários, consertar os desvios (Paulon e Romagnoli, 2018); hierarquias que interrompem o fluxo das forças

A DISTOPIA COTIDIANA DOS OPRIMIDOS

de vida e as relações cocriativas baseadas na tele; a instauração de uma intersubjetividade desértica, campo relacional que produz tristeza e impotência. Apesar de valorizar organizações não governamentais que buscam intervir onde o Estado está omisso, apostamos mais na potência das políticas públicas que tratam o cuidado oferecido como um direito, e não como um favor.

Um usuário pediu para ler uma mensagem no próximo encontro, o que autorizei. Ele foi dizer à coordenação da instituição que ia ler uma mensagem e a coordenadora afirmou que ele não poderia falar ao microfone, já que não pertence à equipe de voluntários. O senhor veio me relatar essa cena com muita frustração. Eu também fiquei bem decepcionado, percebendo que a instituição não está disposta a quebrar essa hierarquia entre os voluntários e gestores e os usuários. Parece que eles precisam se sentir superiores na função de quem está oferecendo ajuda. Existe uma cerquinha separando a cozinha do pátio, o que me lembrou os muros construídos para separar grupos, como o muro de Trump na fronteira com o México. Fico triste ao ver que existe essa separação entre voluntários e equipes e os usuários. Quem fica na cozinha seriam as pessoas superiores, que ajudam. E quem está no pátio recebe a ajuda e é inferior. Em muitos momentos, a nossa presença, que tenta horizontalizar, quebrar a hierarquia, parece colocar a instituição na posição de reafirmá-la.

O cuidado oferecido é permeado de contradições. Quem o recebe tem acesso a um espaço de convivência, alimentação e atendimento psicológico — portanto, tem a sensação de pertencimento, vivida em um espaço solidário. Entretanto, com o cuidado, os usuários recebem desqualificações e objetificações que interditam o pertencimento, pois a ajuda se torna humilhante. Os espaços de ajuda não estão livres ou imunes no que se refere às relações de poder. Em geral, em serviços de assistência espera-se do usuário que ele reconheça sua vulnerabilidade e inferioridade para receber ajuda. E, ao mesmo tempo, para ser bem-visto pelo serviço, deve demonstrar que busca autonomia (Gaulejac, 2006). Advém daí o mal-estar de buscar um cuidado necessário, mas que se realiza com opressões agregadas.

No fim de determinado encontro grupal, uma cozinheira me pediu para encerrar logo, pois o almoço estava servido. Pediu que eu continuasse minha "brincadeira" mais tarde. Como se comportam as pessoas da instituição quando damos voz aos usuários? Chamar o trabalho de brincadeira era uma verdade entremeada de desqualificação. De fato, o objetivo era fortalecer os laços comunitários utilizando recursos lúdicos, como os jogos dramáticos e teatrais. Ao mesmo tempo, quando a voluntária pede para encerrarmos rápido a brincadeira, ela parece querer dizer que o cuidado sério oferecido ali se referia apenas à alimentação. Ela pode ter sido porta-voz de um incômodo de parte da instituição com nossas interações com os usuários, em que oferecemos espaço para que as singularidades de cada um se manifestem. Isso desmonta as interações rígidas que estabelecem hierarquias entre a equipe, cheia de virtudes porque está oferecendo ajuda, e os usuários, pessoas "desencaminhadas", com arranjos de vida inadequados. O arranjo proposto pela instituição contribui para a instalação progressiva de um campo de intersubjetividade desértica, sem possibilidades de cocriação baseada na tele. A tristeza e a vergonha comparecem como afetos que confirmam a visão de si mesmo como atrelada à desqualificação. Geralmente, os dispositivos de assistência social dão mais ênfase às regras de funcionamento e a procedimentos burocráticos do que à qualidade da relação que se estabelece entre equipe e usuários do serviço (Gaulejac, 2006).

No espaço grupal, mencionou-se um outro lado das instituições de cuidado. Foi possível perceber, nos relatos dos usuários, a grande relevância das políticas públicas na vida das pessoas de grupos populares. Instituições como Caps e Cras, por exemplo, foram citadas como lugares que parecem atenuar o desamparo. Há lugares de cuidado e de solidariedade que estimulam o autocuidado. Alguns usuários relataram que ser tratado com dignidade nesses estabelecimentos produziu um desejo de cuidar melhor de si. Esses lugares que se constituem como políticas públicas aparecem como espaços em que se manifesta a potência dos usuários — um contraponto positivo quando comparados com espaços ligados à filantropia, como casas de apoio e casas de recuperação de dependência química. Sem uma visão crítica das relações de poder e dos mecanismos históricos e sociais que produzem a pobreza, as práticas podem se tornar facilmente moralistas e punitivas, fundamentadas em leituras individualistas e culpabilizantes (Paulon e Romagnoli, 2018).

Em relação às opressões na casa de apoio, depois de alguns encontros grupais nos quais os membros contaram suas histórias e suas habilidades como trabalhadores, foi possível perceber mudanças na visão nos voluntários, que passaram a tratar os usuários com mais respeito e afeto. Os voluntários pareciam estar se despindo de seus preconceitos. Nossa proposta relacional parece ter exercido alguma influência nisso. No encontro de pessoas da universidade (que tinham formação sociocrítica) com pessoas que se voluntariavam sem leitura e formação, foi possível observar uma progressiva ampliação de consciência da equipe, mais próxima de uma solidariedade aos oprimidos — uma visão mais ampla sobre a forma como as pessoas conseguem organizar sua vida, para além dos modelos dominantes da sociedade.

Portanto, os encontros grupais foram um espaço fértil para a expressão dos sofrimentos ligados ao desenraizamento como uma experiência de não pertencer à condição humana. Temas como a raiva por sofrer injustiças, a vergonha de ser humilhado, a tristeza como desistência de modificar as coisas, o racismo que envenena a subjetividade foram compartilhados coletivamente como via de resistência e de demanda de pertencimento.

BUSCANDO RECONHECIMENTO

No espaço grupal, as habilidades como trabalhador foram constantemente demonstradas, talvez a fim de buscar reconhecimento como alguém digno de participar da vida social e pertencente à condição humana.

Em determinado encontro, pensei novamente em propor um jogo dramático no qual as pessoas pudessem se apresentar. O grupo é muito grande e um pouco flutuante. Apesar de ter alguns membros fixos, sempre há novos integrantes, pessoas que são trecheiras, isto é, que percorrem o "trecho" de cidade em cidade, sem residência fixa. Levei uma bola e pedi que quem a recebesse dissesse o nome, alguma qualidade ou característica positiva e algo que goste de fazer. Antes, solicitei que eles pensassem um pouco em si mesmos e nessas questões. Então, comecei falando de mim e passei para a senhora A. A bola foi passando, e surgiram algumas qualidades e coisas que gostam de fazer: ser honesto, trabalhador, respeitar os outros, gostar de trabalhar, gostar de aproveitar o fim de semana, gostar de ir a festas e se divertir. Todos souberam dizer algo em que são bons: dirigir máquinas agrícolas, trabalhar como pedreiro e servente, trabalhar como vendedor, ser locutor de vendas, ser bom de bola, ser bom de rodeio. Os ofícios eram diversificados: pedreiro, servente, marceneiro, músico, serviços gerais, pintura de automóveis, entre outros. O senhor O., marceneiro, disse que cobra determinado preço e a pessoa tenta encontrar outro profissional mais barato, mas depois recebe um serviço de baixa qualidade e volta dizendo que deveria tê-lo contratado. Um senhor disse que pinta casas muito bem e que fica satisfeito quando vê uma parede pintada, produto de seu trabalho. O senhor C. comentou que realiza muito bem o serviço de servente de pedreiro. Muitos fizeram questão de se apresentar e falar de si; parecia que queriam pegar o microfone, ter voz e mostrar quem eram.

Nesse momento, contei a fábula da águia e da galinha. Trata-se, resumidamente, de uma história em que um filhote de águia é adotado por um camponês que o coloca junto às galinhas. A águia cresce e acredita que é uma galinha e não tenta voar. Um dia, um naturalista passa pela fazenda do camponês e percebe a águia no meio das galinhas. Segue-se um debate entre o camponês, que afirma que a águia se tornou uma galinha por ter sido criada como galinha, e o naturalista, que afirma que a águia não pode ter perdido a sua essência de voar.[5] Lancei uma pergunta ao grupo: estamos nos reconhecendo como águias ou pensando que somos galinhas, como a sociedade nos condiciona? As pessoas parecem ter ficado bastante reflexivas. Assumir as potências em um mundo que enfatiza o que falta é muito significativo.

Em seguida, comentei com o grupo que as características que mais apareceram foram honestidade, suas habilidades de trabalho e gostar de aproveitar a vida. Ser honesto e trabalhador é uma forma de se apresentar para o mundo; busca-se um reconhecimento geralmente escasso para pessoas excluídas. O que se percebe é que a relação com o trabalho é uma grande âncora existencial, uma forma de sentir pertencimento e um antídoto para lidar com sofrimentos consideráveis. Os membros do grupo querem ser reconhecidos como trabalhadores, como pessoas que têm valor e estão lutando para melhorar suas relações com o mundo.

---

5. Disponível em: https://leonardoboff.org/2020/09/16/a-fabula-da-aguia-e-da-galinha/. Acesso em: 4 nov. 2024.

A luta por reconhecimento é algo muito presente em todas as interações sociais, e ainda se faz mais significativa quando se pensa em classe social. Para os grupos historicamente oprimidos no Brasil, o reconhecimento é uma condição simbólica fundamental para se buscar autorrespeito e autoconfiança a partir do olhar do outro. No pensamento de Souza (2021, p. 111), existe um projeto nacional em que o reconhecimento social foi e continua sendo historicamente negado para as pessoas da margem: "A história brasileira pode ser analisada não apenas como um processo incompleto de reconhecimento universal, mas também como um projeto político deliberado para impedir o reconhecimento social da classe/raça dos excluídos e marginalizados". Percebemos as lutas dos usuários para tornarem suas histórias visíveis, fazendo do grupo um espaço político de transformação a partir do reconhecimento (Merengué, 2020).

A busca da fala no espaço grupal nem sempre se deu para compartilhar um sofrimento ou para falar de algum sintoma, como costuma ocorrer nos espaços tradicionais de cuidado em psicologia. A equipe de pesquisa tecia questionamentos sobre as possíveis contribuições de um trabalho com pessoas em situação de vulnerabilidade social. Em diversos encontros, os usuários se mostraram interessados em relatar sua história de vida, com os acontecimentos mais marcantes. Para alguns, era importante mostrar as marcas das violências sofridas por um corpo que sobreviveu a tantas histórias de desproteção. Muitos buscavam testemunhas que pudessem reconhecer os caminhos traçados, na tentativa de dar visibilidade à sua trajetória. Encontraram, no grupo, pessoas dispostas a presenciar essa busca de sentido por meio do resgate de si mesmo. Percebemos a tentativa de não permanecer somente em narrativas de fracassos. Alguns usuários utilizaram o espaço grupal para falar de suas virtudes e qualidades como pessoas, compartilhar sonhos e desejos escondidos.

Alguns trouxeram suas habilidades musicais. A expressão criativa por meio da música parecia ser muito importante para eles. Talvez as pessoas que estão mais próximas da arte tenham mais condições de estabelecer uma função poética sensível que ajude a dar sentido à relação sujeito-mundo. Uma usuária nos disse que gostava muito quando a nossa equipe interagia com eles no pátio da instituição nesses momentos grupais. Ela gosta da opção de não ter de ir para a sala de atendimento. As conversas no grupo humanizaram o ambiente, pois os usuários se sentiram capazes de se empenhar em trocas e diálogos em vez de apenas pegar o almoço e ir embora.

O espaço para o reconhecimento afirma a nossa clínica como uma prática política, comprometida com a produção de novas formas de subjetivação em uma sociedade capitalista que padroniza subjetividades e produz assujeitamentos e opressões (Gondar, 2004). Na interface entre os modelos abstratos e a concretude cotidiana, adotamos uma ética do cuidado — abertos ao encontro com a diferença, apostando na composição de novas forças e afetos que podem produzir vida e criação. O coletivo de pesquisa adotou uma posição política de se distanciar de práticas moralistas, muitas vezes disfarçadas com argumentos ditos científicos, que podem produzir ainda mais assujeitamento.

BUSCA CRIATIVA E ESPONTÂNEA DE OUTROS CAMINHOS

No espaço grupal, forças criativas e espontâneas se manifestaram em busca de novos caminhos. Os membros do grupo tentaram formular novas ações e propostas relacionais criativas, apostando em um cuidado de si e do outro mais reflexivo e afetivo

No fim de determinado encontro, o senhor F. pediu para ler uma mensagem escrita para o grupo sobre plantar o bem e colher o bem ou plantar o mal e colher o mal. Depois de lida, perguntei o que ele tinha pensado quando a escreveu, e ele fez uma reflexão interessante sobre tentar fazer o bem para colher coisas boas. Era algo muito significativo para ele, que ia ao encontro de sua história de ser perseguido pelos familiares e suas tentativas de não despejar ódio e atuar com vingança. Diversas situações de hostilidade e de perseguição foram relatadas repetidamente por ele no espaço grupal e nos plantões psicológicos. O nosso acolhimento ao escutar esse sofrimento mostrou-se útil. Ele parece estar em uma luta para não ser reativo em relação às hostilidades, tentando criar outros caminhos fora do ódio. Em seguida, uma mulher, que é da Venezuela, disse que devemos tratar os outros como esperamos ser tratados. Outro membro do grupo me entregou uma mensagem e pediu que eu lesse. Insisti para que ele mesmo o fizesse, mas ele não quis. A mensagem fala de recomeço, tentar outra vez, não desistir.

Em outro encontro, o senhor F. falou sobre altos e baixos, que quando estamos na fase de baixa não podemos nos desesperar e fazer besteira. Ele disse que é preciso ter fé, acreditar que vai dar certo, e não fazer nada de ruim no momento de dificuldade. Que é preciso ter esperança. Ao final, ele nos procurou, agradecendo, e disse que não está mais sofrendo perseguições, que agora está tudo bem e que ele tem um patrão que o está tratando muito bem. Inclusive, ele estava com a chave da casa dessa pessoa. Ficou muito feliz de alguém ter confiado nele. Nossa escuta das suas narrativas delirantes com uma presença paciente e afetiva deve ter contribuído para essa reinserção comunitária e social.

Em outro encontro, achei que seria interessante abordar o tema do narcisismo e da autoestima. O narcisismo representa as pessoas que se veem como centro e não consideram a alteridade. E falar de autoestima pode gerar reflexões sobre a possível interiorização de desqualificações sociais. Leio o mito de Narciso, contando a história de alguém que foi fruto de uma violência, já que sua mãe foi estuprada. Contei que Narciso não se conhecia e que todos o desejavam porque ele era extremamente bonito. No fim, ele morre afogado ao tentar abraçar o próprio reflexo na água. Então, falo de autoconhecimento, de autoestima e de pessoas que são muito centradas em si mesmas. Digo que pensei em falar sobre isso porque me lembrei de uma fala do senhor O., de que ele ficava muito incomodado quando conversava com alguém e a pessoa parecia não o escutar. Ele se mostrou bastante satisfeito ao perceber que preparei algo valorizando uma fala sua; então, disse que fica triste quando passa e alguém lhe vira a cara. O senhor O. parece ser o porta-voz das rejeições vividas pelas pessoas marginalizadas. Muitos devem se identificar com ele. Pergunto se é possível manter uma autoestima boa quando as pessoas nos rejeitam. Alguns usuários apontaram o dedo para a cabeça, parecendo dizer que temos que refletir e talvez não reagir. Comentei que a pessoa que rejeita ou não escuta tem muita dificuldade de sair de si mesma. Então, um usuário disse que não sabe o que fazer para se fortalecer mais. Outro, que parece ser andarilho, exprimiu de forma muito mobilizada que é preciso lutar, não desistir, deixar o passado para trás e acreditar em si mesmo. Perguntei para um dos membros se essa fala o ajudou e ele aquiesceu. Afirmei que as soluções e as formas de lidar com os problemas podem vir deles mesmos, do próprio grupo. Outro usuário diz que é importante ter uma atitude mais positiva, evitar ficar reclamando da vida. O impulso para a criação e a transformação que se insinuaram no espaço coletivo representa formas de se escapar dos lugares determinados pela sociedade para as pessoas à margem, lugares de mortificação e de coisificação.

Os encontros grupais foram se constituindo como uma referência para lidar com vivências importantes e procurar novos caminhos. Uma usuária relatou que, a partir da leitura de um livro inspirador, está tentando sair do ressentimento e elaborar respostas mais amorosas. Outro disse que está tentando mudar certas atitudes para ser uma referência para os filhos. Outro, ainda, começava a vislumbrar outros caminhos, a despeito da falta de suporte da família. As relações de amizade e o trabalho foram relatados como fatores de fortalecimento. O trabalho como algo que ancora o sujeito no mundo e o estabelecimento de vínculos foram percebidos por alguns como fatores de potência. Outro membro do grupo expressou que queria voltar com uma melhor condição para ajudar as pessoas da casa de apoio: "Sim, vou voltar e ajudar eles. Outros já fizeram isso antes".

O espaço grupal revelou-se um lugar criador de novas formas de relação consigo, como expressou um membro do grupo ao final do encontro: "Eu vou sair daqui, vou passar direto por todos os bares, não vou entrar em nenhum para beber. E vou mostrar para todo mundo que eu também sou gente". Outro relatou que conseguiu refazer sua relação com o uso do álcool depois de participar dos encontros grupais e dos plantões psicológicos, como aparece neste diário de campo:

> O senhor M. disse que as nossas conversas fizeram muito bem a ele, pois geraram diversas reflexões. Disse que está conseguindo lidar melhor com a bebida. Ele relata que no fim de semana sentiu novamente uma vontade muito forte de beber, mas saiu para fazer uma caminhada; isso fez que ele se distraísse e a vontade passou. Ele também relata que tem tido mais momentos de lazer, como o dia em que assistiu a um jogo de futebol com o irmão. Também conta que outro dia estava em um churrasco com amigos e muitas pessoas estavam bebendo, mas ele não sentiu vontade nenhuma.

As nossas ações clínicas e comunitárias representaram ações políticas, no sentido de produzir novas formas de existência, novos processos de subjetivação e a concomitante legitimação das forças instituintes e espontâneas que emergiram no grupo (Dedomenico, 2020). A procura de novos caminhos se traduziu em experiências coletivas de resistência através da espontaneidade criadora, do resgate de uma presença ativa na realidade (Vieira, 2017).

No fim de determinado encontro, um membro do grupo quis fazer uma oração. Ele estava um pouco embriagado, tentava rezar o pai-nosso, mas não estava conseguindo. Abracei-o de lado e o incentivei a se concentrar e tentar. Foi um momento extremamente tocante para mim, eu abraçado com ele, que, por certo, era uma figura que a sociedade despreza. Todos bateram palmas ao final do encontro. Para mim, foi tudo muito interessante e vivo, todos participaram ativamente, todos estavam envolvidos e prestando atenção à conversa reflexiva. Nesse dia, todos eles tinham muita coisa para dizer.

A capacidade reparadora do grupo foi se insinuando no espaço comum como uma possibilidade cocriativa de construção de novos sentidos. Uma presença atuante na realidade pode ser recuperada quando se tem voz, vozes que lutam para serem ouvidas. No grupo, o olhar do outro trouxe vários rostos que validam as existências. A espontaneidade produtiva popular é uma energia vital que possibilitou ao grupo questionar e lutar para dissolver o conservadorismo brasileiro presente nas relações cotidianas que produzem impotência. Trata-se de uma luta política em que não teríamos um líder protagonista e pioneiro, mas uma coletividade agônica, que, ao expressar a dor da exclusão, tenta se libertar dela. Nos escombros das margens, a vida pede novos caminhos, incessante produção de possibilidades criativas.

Considerações finais

A APOSTA EM MODOS de fazer clínica democrática produz efeitos que poderíamos chamar de alegria civilizatória, gerada por outro modo de escuta e relação que escapa da clínica como mercadoria (Ab'Saber, 2021). A exploração, eliminação e escravização do outro é ainda uma forte proposta relacional distópica que permanece escondida na aparente civilização em que vivemos. Na quase impossibilidade de ver o outro como semelhante nessa distopia neoliberal, colonial e fascista, a sintonia télica com esse outro abre caminho para uma alegria democrática e para a produção de novos mundos. Os psicodramatistas, os profissionais *psi*, as pessoas que trabalham com arte são convocados a atuar para descolonizar e desnazificar o Brasil. Só nos resta o papel de revolucionários em um mundo de ruínas, como se percebe nesse trecho do filme *Manifesto*:

> O mundo velho está morrendo. Um novo está nascendo. A civilização capitalista que dominou a vida econômica, política e cultural dos continentes está em processo de decomposição. Agora, ela cria novas guerras devastadoras. A crise econômica predominante deposita um peso cada vez maior sobre a massa da população mundial, sobre aqueles que trabalham com as mãos ou com o cérebro. A crise atual despiu totalmente o capitalismo. Ele se revela cada vez mais como um sistema de roubos e fraudes, desemprego e terror, fome e guerra.

A crise geral do capitalismo se reflete em sua cultura. O maquinário econômico e político da burguesia está em decomposição. Sua filosofia, sua literatura e sua arte estão falidas. Neste período de mudanças, o papel do artista só pode ser aquele do revolucionário. O último resquício de uma estética cansativa e vazia despertando os instintos criativos ainda adormecidos na mente humana. Nossa arte é a arte de um período revolucionário. Simultaneamente a reação de um mundo que está falindo e o anúncio de uma nova era.

A revolução criadora de Moreno se revela uma proposta potente para o nosso tempo histórico. O psicodrama tem a criação como aspecto filosófico essencial. A criação se reveste de um caráter político. Indivíduos e grupos teriam a possibilidade de produzir novos sentidos, novas visões, de escrever novas versões. Os questionamentos de Martín-Baró (1996) em relação ao exercício da psicologia na América Latina podem ser transpostos para a nossa atuação como psicodramatistas. Para o autor, os profissionais *psi* precisam ter como horizonte de suas ações a situação concreta dos nossos povos e suas necessidades. Para que existem psicodramatistas? Que efeitos sua atuação produz no Brasil? Que mudanças históricas estamos gerando? Que grupos sociais estão sendo beneficiados com nosso trabalho?

Assim como Moreno percebia que o ser humano não poderia ser mera peça da engrenagem social sem uma participação ativa e atuante na realidade, o psicodrama brasileiro também não poderia ser mais um sistema que promove adaptação e conformismo. O psicodrama brasileiro precisa assumir sua responsabilidade histórica, contribuindo com a luta para mudar as condições que mantêm o individualismo, a alienação da consciência e a desumanização.

Referências

AB'SABER, Tales. Editorial. "A clínica aberta e o analista-grupo — Suas transferências e o comum". *Revista Latinoamericana de Psicopatologia Fundamental*, v. 24, n. 4, 2021, p. 501-511.

AMATUZZI, Mauro Martins. "Pesquisa fenomenológica em psicologia". In: BRUNS, Maria Alves de Toledo; HOLANDA, Adriano Furtado. *Pesquisa e fenomenologia — Reflexões e perspectivas*. Campinas: Alínea, 2003. p. 17-25.

AGUIAR, Moysés. *O teatro terapêutico — Escritos psicodramáticos*. Campinas: Papirus, 1990.

ALMEIDA, Silvio Luiz de. *Racismo estrutural*. São Paulo: Jandaíra, 2021.

ARAGÃO, Érica. "Pandemia escancara desigualdade e revela que pretos e pobres são os mais afetados". *CUT online*, 25 jun. 2020. Disponível em: https://www.cut.org.br/noticias/pandemia-escancara-desigualdade-e-revela-que-pretos-e-pobres-sao-os-mais-afetado-7872. Acesso em: 22 out. 2024.

BAUMAN, Zygmunt. *Modernidade líquida*. Rio de Janeiro: Zahar, 2001.

_____. *Tempos líquidos*. Rio de Janeiro: Zahar, 2007.

_____. *Medo líquido*. Rio de Janeiro: Zahar, 2008.

BOAL, Augusto. *Jogos para atores e não-atores*. Rio de Janeiro: Civilização Brasileira, 2006.

BOCK, Ana Mercês Bahia. *Dimensão subjetiva da desigualdade social — Um estudo na cidade de São Paulo*. Pontifícia Universidade Católica de São Paulo, 2009. Disponível em: http://www.abrapso.org.br/siteprincipal/images/Anais_XVENABRAPSO/233.%20a%2 0dimens%C3o%20subjetiva%20 da%20desigualdade%20social.pdf. Acesso em: 30 mar. 2020.

_____. "Psicologia e desigualdade social". *Revista Psicologia, Diversidade e Saúde*, v. 5, n. 2, p. 255-262, 2016.

BRASIL. Oxfam. *A distância que nos une. Um retrato das desigualdades brasileiras*, 2017. Disponível em: www.oxfam.org.br/sites/default/files/arquivos/Relatorio_A_distancia_que_nos_une.df. Acesso em: 30 mar. 2020.

ÉRICO VIEIRA

BRESCHIGLIARI, Juliana Oliveira; JAFELICE, Giovana Telles. "Plantão psicológico — Ficções e reflexões". *Psicologia: Ciência e Profissão*, v. 35, n. 1, p. 225-237, 2015.

BRUM, Eliane. *Brasil, construtor de ruínas — Um olhar sobre o país, de Lula a Bolsonaro*. Porto Alegre: Arquipélago, 2019.

COLLINS, Patricia Hill; BILGE, Sirma. *Interseccionalidade*. São Paulo: Boitempo, 2020.

CONTRO, Luiz. *Psicossociologia crítica — A intervenção psicodramática*. Curitiba: CRV, 2011.

COSTA, Fernando Braga da. *Homens invisíveis — Relatos de uma humilhação social*. São Paulo: Editora Globo, 2004.

CUKIER, Rosa. "Estresse pós-traumático — Novidades, tratamento e psicodrama". *Revista Brasileira de Psicodrama*, v. 24, n. 2, p. 81-90, 2016.

CUNHA, Mariana Tornelli de Almeida; VIEIRA, Érico Douglas. "Subcidadania, subjetividade e resistências na pandemia de Covid-19 — Experiências de jovens periféricos". *Revista Brasileira de Psicodrama*, v. 30, n. 1, p. 1-12, 2023.

DECASTRO, Thiago Gomes; GOMES, William Barbosa. "Aplicações do método fenomenológico à pesquisa em psicologia — Tradições e tendências". *Estudos de Psicologia*, v. 28, n. 2, p. 153-161, 2011.

DEDOMENICO, André Marcelo. "Desgourmetizar a prática socionômica". In: DEDOMENICO, André Marcelo; MERENGUÉ, Devanir (orgs.). *Por uma vida espontânea e criadora — Psicodrama e política*. São Paulo: Ágora, 2020. p. 199-214.

DELFIN, Lucas; ALMEIDA, Lara Aparecida Machado de; IMBRIZI, Jaquelina Maria. "A rua como palco — Arte e (in)visibilidade social". *Psicologia & Sociedade*, v. 29, n. 1, p. 1-10, 2017.

FREIRE, Paulo. *Pedagogia do oprimido*. Rio de Janeiro: Paz e Terra, 2005.

FREYRE, Gilberto. *Casa-grande & senzala*. Rio de Janeiro: Record, 2001.

FURIGO, Regina Célia Paganini Lourenço. *Plantão psicológico — Uma análise da contribuição junguiana para a atenção psicológica na área da saúde*. Dissertação (mestrado em Psicologia) — Pontifícia Universidade Católica de Campinas, Campinas, 2006.

GAULEJAC, Vincent. *As origens da vergonha*. São Paulo: Via Lettera, 2006.

GALEANO, Eduardo. *As veias abertas da América Latina*. Porto Alegre: L&PM, 1989.

GIORGI, Amedeo. "The descriptive phenomenological psychological method". *Journal of Phenomenological Psychology*, v. 43, n. 1, p. 3-12, 2012.

GONÇALVES, Camila Salles; WOLFF, José Roberto; ALMEIDA, Wilson Castello. *Lições de psicodrama — Introdução ao pensamento de J. L. Moreno*. São Paulo: Ágora, 1988.

GONÇALVES FILHO, José Moura. "Humilhação social — Um problema político em psicologia". *Psicologia USP*, v. 9, n. 2, p. 11-67, 1998.

_____. "Prefácio — A invisibilidade pública". In: COSTA, Fernando B. da. *Homens invisíveis — Relatos de uma humilhação social*. São Paulo: Globo, 2004. p. 9-47.

GONDAR, Jô. "A clínica como prática política". *Lugar Comum*, v. 1, n 19, p. 125--134, 2004.

HAN, Byung-Chul. *Sociedade do cansaço*. Petrópolis: Vozes, 2015.

_____. *Psicopolítica — O neoliberalismo e as novas técnicas de poder*. Belo Horizonte: Âyiné, 2018.

JESUS, Carolina Maria de. *Quarto de despejo — Diário de uma favelada*. 8. ed. São Paulo: Ática, 2001.

HÜNING, Simone Maria; GUARESCHI, Neuza Maria de Fátima. "Problematizações das práticas *psi* — Articulações com o pensamento foucaultiano". *Athenea Digital*, v. 1, n. 8, p. 95-108, 2005.

JODELET, Denise. "Os processos psicossociais da exclusão". In: SAWAIA, Bader (org.). *As artimanhas da exclusão — Análise psicossocial e ética da desigualdade social*. Petrópolis: Vozes, 2011. p. 55-67.

KILOMBA, Grada. *Memórias da plantação — Episódios de racismo cotidiano*. Rio de Janeiro: Cobogó, 2019.

KNOBEL, Anna Maria. "Estratégias de direção grupal". *Revista Brasileira de Psicodrama*, v. 4, n. 1, p. 49-62, 1996.

_____. "Coconsciente e coinconsciente em psicodrama". *Revista Brasileira de Psicodrama*, v. 19, n. 2, p. 139-152, 2011.

_____. "Coinconsciente para além do tempo e do espaço". *Revista Brasileira de Psicodrama*, v. 24, n. 1, p. 16-23, 2016.

LANCETTI, Antonio. *Clínica peripatética*. São Paulo: Hucitec, 2016.

LE BRETON, David. *Desaparecer de si — Uma tentação contemporânea*. Petrópolis: Vozes, 2018.

LO BIANCO, Anna Carolina *et al.* "Concepções e atividades emergentes na psicologia clínica — Implicações para a formação". In: ACHCAR, Rosemary. *Psicólogo Brasileiro — Práticas emergentes e desafios para a formação*. São Paulo: Casa do Psicólogo, 1994. p. 17-100.

LOBO, Lilia Ferreira. *Os infames da história — Pobres, escravos e deficientes no Brasil*. Rio de Janeiro: Lamparina, 2015.

LÖWY, Michael. "Conservadorismo e extrema-direita na Europa e no Brasil". *Serviço Social e Sociedade*, v. 1, n. 124, p. 652-64, 2015.

MAHFOUD, Miguel (org.) *Plantão psicológico — Novos horizontes*. São Paulo: Companhia Ilimitada, 2012.

MALAQUIAS, Maria Célia (org.). *Psicodrama e relações étnico-raciais — Diálogos e reflexões*. São Paulo: Ágora, 2020.

MANSANO, Sonia Regina Vargas. "Clínica e potência — Algumas considerações sobre a experiência dos encontros em Gilles Deleuze". *Mnemosine*, v. 7, n. 2, p. 64-74, 2011.

_____. *Necropolítica — Biopoder, soberania, estado de exceção, política da morte.* São Paulo: Edições N-1, 2018.

MARX, Karl. *A miséria da filosofia.* São Paulo: Centauro, 2001.

MARTÍN-BARÓ, Ignácio. "O papel do psicólogo". *Estudos de Psicologia* (Natal), v. 2, n. 1, p. 7-27, 1996.

MASCARENHAS, Pedro. "Psicodrama público no Centro Cultural São Paulo — Mas o que é público mesmo?" In: DEDOMENICO, André Marcelo; MERENGUÉ, Devanir (orgs.). *Por uma vida espontânea e criadora — Psicodrama e política.* São Paulo: Ágora, 2020. p. 93-106.

MASSARO, Geraldo. *Esboço para uma teoria da cena — Propostas de ação para diferentes dinâmicas.* São Paulo: Ágora, 1996.

MBEMBE, Achille. *Políticas da inimizade.* Lisboa: Antígona, 2017.

MERENGUÉ, Devanir. *Inventário de afetos — Inquietações, teorias, psicodramas.* São Paulo: Ágora, 2001.

_____. "Psicodrama e investigação científica". In: MONTEIRO, André Maurício; MERENGUÉ, Devanir; BRITO, Valéria. *Pesquisa qualitativa e psicodrama.* São Paulo: Ágora, 2006, p. 57-87.

_____. "Corpos tatuados, relações voláteis — Sentidos contemporâneos para o conceito de conserva cultural". *Revista Brasileira de Psicodrama*, v. 17, n. 1, p. 105-114, 2009.

_____. "Descolonizando o psicodrama — Clínica e política". In: DEDOMENICO, André Marcelo; MERENGUÉ, Devanir (orgs.). *Por uma vida espontânea e criadora — Psicodrama e política.* São Paulo: Ágora, 2020. p. 37-59.

MÉSZÁROS, István. *A obra de Sartre — Busca da liberdade e desafio da história.* São Paulo: Boitempo, 2012.

MONTEIRO, André Maurício; MERENGUÉ, Devanir; BRITO, Valéria. *Pesquisa qualitativa e psicodrama.* São Paulo: Ágora, 2006.

MOREIRA, Virginia; GUEDES, Dilcio. "Largada pelo marido! O estigma vivido por mulheres em Tianguá-CE". *Psicologia em Estudo*, v. 12, n. 1, p. 71-79, 2007.

MORENO, Jacob Levy. *Psicodrama.* São Paulo: Cultrix, 1975.

_____. *Quem sobreviverá? Fundamentos da sociometria, psicoterapia de grupo e do sociodrama.* São Paulo: Daimon, 2008 (edição de estudante).

_____. *Sociometria — Método experimental e a ciência da sociedade.* São Paulo: Febrap, 2020.

MORENO, Jacob Levy; MORENO, Zerka T. *Fundamentos do psicodrama.* 2. ed. São Paulo: Summus, 1983.

_____. *Psicodrama — Terapia de ação e princípios da prática*. São Paulo: Daimon, 2006.

MORENO, Jonathan D. *Impromptu man — J. L. Moreno e as origens do psicodrama, da cultura do encontro e das redes sociais*. São Paulo: Febrap, 2016.

MORENO, Zerka. *A realidade suplementar e a arte de curar*. São Paulo: Ágora, 2001.

MOTTA, Júlia Maria Casulari. *Psicodrama brasileiro — Histórias e memórias*. São Paulo: Ágora, 2008.

NAFFAH NETO, Alfredo. *Psicodrama — Descolonizando o imaginário*. São Paulo: Plexus, 1997.

NASCIMENTO, Elisa Larkin. "O Teatro Experimental do Negro — Berço do psicodrama no Brasil". In: MALAQUIAS, Maria Célia (org.). *Psicodrama e relações étnico-raciais — Diálogos e reflexões*. São Paulo: Ágora, 2020, p. 17-27.

NERY, Maria da Penha. "Sobre o silêncio estrondoso e o grito silenciado". In: DEDOMENICO, André Marcelo; MERENGUÉ, Devanir (orgs.). *Por uma vida espontânea e criadora — Psicodrama e política*. São Paulo: Ágora, 2020. p. 107-124.

OLIVEIRA, Paulo Cesar de. "Solidão e isolamento sociométrico: antítese ou sinonímia — Estudos preliminares a partir de grupos de drogadictos". *Revista Brasileira de Psicodrama*, v. 25, n. 1, p. 68-76, 2017.

PAUGAM, Serge. "O enfraquecimento e a ruptura dos vínculos sociais — Uma dimensão essencial do processo de desqualificação social". In: SAWAIA, Bader (org.). *As artimanhas da exclusão — Análise psicossocial e ética da desigualdade social*. Petrópolis: Vozes, 2011. p. 69-88.

PAULON, Simone Mainieri; ROMAGNOLI, Roberta C. "Quando a vulnerabilidade se faz potência". *Interação em Psicologia*, v. 22, n. 3, p. 178-187, 2018.

PERCHES, Tatiana H. Palmieri; CURY, Vera Engler. "Plantão psicológico em hospital e o processo de mudança psicológica". *Psicologia: Teoria e Pesquisa*, v. 29, n. 3, p. 313-320, 2013.

POMAR, Marcos Hermanson. "Insegurança alimentar: 33 milhões passam fome no Brasil, diz pesquisa". *VivaBem*, UOL, 8 jun. 2022. Disponível em: https://www.uol.com.br/vivabem/noticias/redacao/2022/06/08/inseguranca-alimentar-33-milhoes-passam-fome-no-brasil-diz-pesquisa.htm. Acesso em: 22 out. 2024.

REICH, Wilhelm. *Psicologia de massas do fascismo*. São Paulo: Martins Fontes, 2001.

RIBEIRO, Djamila. *Pequeno manual antirracista*. São Paulo: Companhia das Letras, 2019.

RIBEIRO, Daniela de Figueiredo. "A decolonialidade na pesquisa e prática psicodramáticas — Pela superação de epistemicídios históricos". *Revista Brasileira de Psicodrama*, v. 31, n. 1, p. 1-12, 2023.

ROMAGNOLI, Roberta Carvalho. "Problematizando as noções de vulnerabilidade e risco social no cotidiano do Suas". *Psicologia em Estudo*, v. 20, n. 3, p. 449-459, 2015.

ROMERO, Emílio. *O inquilino do imaginário — Formas malogradas de existência.* São José dos Campos: Lemos, 2004.

SAFATLE, Vladimir. *Bem-vindo ao estado suicidário.* São Paulo: Edições N-1, 2020.

_____. "A economia é a continuação da psicologia por outros meios — Sofrimento psíquico e o neoliberalismo como economia moral". In: SAFATLE, Vladimir; SILVA JUNIOR, Nelson da; DUNKER, Christian (orgs.). *Neoliberalismo como gestão do sofrimento psíquico.* Belo Horizonte: Autêntica, 2021, p. 14-43.

SAFFIOTI, Heleieth. *Gênero, patriarcado, violência.* São Paulo: Fundação Perseu Abramo, 2004.

SANTOS, Luane Neves; MOTA, Alessivânia Márcia Assunção; SILVA, Marcus Vinícius de Oliveira. "A dimensão subjetiva da subcidadania — Considerações sobre a desigualdade social brasileira". *Psicologia: Ciência e Profissão*, v. 33, n. 3, p. 700-715, 2013.

SAWAIA, Bader (org.). *As artimanhas da exclusão — Análise psicossocial e ética da desigualdade social.* Petrópolis: Vozes, 2011.

SCORSOLINI-COMIN, Fabio. "Plantão psicológico e o cuidado na urgência — Panorama de pesquisas e intervenções". *Psico-USF*, v. 20, n. 1, p. 163-173, 2015.

SILVA, Rafael Bianchi; CARVALHAES, Flávia Fernandes. "Psicologia e políticas públicas — Impasses e reinvenções". *Psicologia e Sociedade*, v. 28, n. 2, p. 247-256, 2016.

SOUZA, J. *A tolice da inteligência brasileira — Ou como o país se deixa manipular pela elite.* São Paulo: Leya, 2015.

_____. *A elite do atraso — Da escravidão à Lava Jato.* Rio de Janeiro: Leya, 2017.

_____. *Como o racismo criou o Brasil.* Rio de Janeiro: Estação Brasil, 2021.

VÉRAS, Maura P. Bicudo "Exclusão social — Um panorama brasileiro de 500 anos". In: SAWAIA, Bader. (org.). *As artimanhas da exclusão — Análise psicossocial e ética da desigualdade social.* Petrópolis: Vozes, 2011, p. 29-51.

VIEIRA, Érico Douglas "O psicodrama e a pós-modernidade — Espontaneidade como via de resistência aos poderes vigentes". *Revista Brasileira de Psicodrama*, v. 25, n. 1, p. 59-67, 2017.

_____. "Novas direções para o plantão psicológico — O psicodrama como referencial". *Revista Brasileira de Psicodrama*, v. 27, n. 2, p. 199-211, 2019.

_____. "Possibilidades psicodramáticas de resistência ao fascismo contemporâneo". In: DEDOMENICO, André Marcelo; MERENGUÉ, Devanir (orgs.). *Por uma vida espontânea e criadora — Psicodrama e política*. São Paulo: Ágora, 2020, p. 19-35.

VIEIRA, Érico Douglas; SILVA, Fernanda Gonçalves da. "Plantão psicológico no referencial do psicodrama — Encontro com subjetividades desviantes". *Revista Brasileira de Psicodrama*, v. 30, n. 1, p. 01-11, 2022.

VOMERO, Laura de Souza Zingra. "Decolonizando o conceito de reconhecimento (eu-tu)". *Revista Brasileira de Psicodrama*, v. 30, p. 1-10, 2022

VOMERO, Laura de Souza Zingra; NERY, Maria da Penha. "Uterodrama: descolonizando corpo e menstruação". *Revista Brasileira de Psicodrama*, v. 31, n. 1, p. 1-10, 2023.

WEIL, Simone. *A condição operária e outros estudos sobre a opressão*. Rio de Janeiro: Paz e Terra, 1996.

YOZO, Ronaldo Yudi K. *100 jogos para grupos — Uma abordagem psicodramática para empresas, escolas e clínicas*. São Paulo: Ágora, 1996.

ZAMBONI, Jésio *et al*. "Os 'dramas' de J. L. Moreno e a filosofia da diferença". *Psicologia & Sociedade*, v. 26, n. 2, p. 261-270, 2014.

Filme

MANIFESTO. Direção e roteiro: Julian Rosefeldt. Produção: Julian Rosefeldt. Berlim: [s. n.], 2017. 1 DVD (95 min).

www.gruposummus.com.br